遇·健

运动让我们遇见更好的自己

朱为模 主编

人民体育出版社

图书在版编目（CIP）数据

遇·健 / 朱为模主编 . -- 北京 : 人民体育出版社 , 2022

ISBN 978-7-5009-5990-8

Ⅰ . ①遇… Ⅱ . ①朱… Ⅲ . ①健身运动—青年读物 Ⅳ . ① G883-49

中国版本图书馆 CIP 数据核字 (2021) 第 034453 号

*

人 民 体 育 出 版 社 出 版 发 行
北 京 中 科 印 刷 有 限 公 司 印 刷
新 华 书 店 经 销

*

710 × 1000　16 开本　14.5 印张　430 千字
2022 年 1 月第 1 版　2022 年 1 月第 1 次印刷

*

ISBN 978-7-5009-5990-8
定价：80.00 元

社址：北京市东城区体育馆路 8 号（天坛公园东门）
电话：67151482（发行部）　　邮编：100061
传真：67151483　　邮购：67118491
网址：www.sportspublish.cn

编委会成员

主　　编：朱为模　美国运动科学院（National Academy of Kinesiology）

　　　　　院士，伊利诺伊大学厄巴纳—香槟分校终身教授

副 主 编：李　恒　国家高尔夫球队体能教练、南京航空航天大学教师

　　　　　李秉炜　击剑（花剑）世界冠军

　　　　　刘秋宏　短道速滑世界冠军

编　　委（以姓氏首字母排序）

Heidi Skolnik（海蒂·斯科尔尼克）　美国著名运动营养专家

韩　晨　技巧世界冠军、蹦床世界冠军，游泳奥运冠军孙杨的体能教练

黄河娇　知名健身博主

卢　丹　国家一级运动员

罗　琳　国家一级公共营养师

庞晓峰　奥运冠军韩晓鹏的金牌队医

丘　乐　举重世界冠军

汤米·林赛　全球最年轻的斯巴达挑战赛四星教官

王天赏　北京市健美冠军

王　琰　北京市健美锦标赛比基尼冠军、普华永道会计师事务所高管

杨至刚　国家棒球队体能教练

叶奥婷　羽毛球全国冠军

张璐宇　跳高全国冠军

张晓妮　三届全运会女篮冠军

张　新　全国健身模特冠军

张亚男　山东女篮队体能教练

张　营　高级私人教练、国家运动营养师

钟　靓　花样游泳全国冠军

朱天怡　泰拳运动员、华尔街精英

左　浩　crossfit 中国推广大使

专业顾问：郭庆红　中国健美协会副主席、北京市健美协会秘书长

　　　　　徐建方　国家体育总局体育科研所全民健身中心主任、研究员

　　　　　王凤珣　《健与美》杂志副总编辑

教育指导：李蜀丰　资深教育专家

肌肉图片来源：国希望·云解剖

从偶然相遇到终生伴随

《遇·健》的序是我自告奋勇写的，其间我不但通读了全稿，还结识了《遇·健》后面的一群年轻人，他们自己就是《遇·健》的创造者和受众。这本说运动和健康的书让人从打开封面的那一瞬间就爱不释手。

“练出强壮手臂 满满的男友力”，趣味性地说出了女生期盼男生的强健和刚阳美。古话说“女为悦己者容”，其实当今男生何尝不是为悦己者练呢？击剑世界冠军李秉炜分享的练习臂部肌群的秘诀让你不但信服，而且产生“我要学”的愿望，这是权威性和科学性的遇见，不再是道听途说的传闻。全书中冠军们和专家们轮流登场，自始至终贯穿着这三性：趣味性，权威性和科学性。

特别欣喜的是《遇·健》虽然是一本小书，但是它提到了营养。任何以健康为目的的活动，一定离不开营养。没有营养科学的支撑，拥有健美的肌肉群和体型只能是空想。从健美到健康，这是《遇·健》优于同类书难得的全面性。

此外，书中提到的“Fit to Lead .”（胜任领导力）也是我践行多年的理念。健康的领导做正确的决策，健康的员工更具创造力和生产力。《遇·健》成为“胜任领导力”的倡导者和实操手册，这是它值得点赞的突破性。

同时，《遇·健》是一本融媒体电子书，一册在手，置于桌面，放在枕边，随时可阅读，随时扫码观看书中的视频跟着世界冠军们练习，这是它的实用性。

与这样的书虽是偶遇，却会终生相伴，受益终身。每个即将步入职场的00后或是已经疲于职场拼搏的80后、90后们，还有人到中年的70后们，让我们一起拥抱这个遇见，揭开健康人生新篇章。

是为序。

朱为众

利丰集团前首席运营官

哎吡哎吖供应链 CEO

2021年8月19日

DIRECTORY 目录

1 运动让我们成为更好的自己

1.1 人之初，性本动！ …… 001

1.2 运动促进健康 …… 002

1.3 运动塑造完美形体 …… 003

1.4 健康就是领导力 …… 004

1.5 运动提高吸引力 …… 005

2 认识高效运动健身训练

2.1 科学健身的“六五”要素 …… 006

2.2 运动前先自测 …… 007

2.3 制订科学有效的健身训练计划 …… 010

2.4 为什么 99% 的健身计划都以失败而告终 …… 012

2.5 选择装备 …… 013

2.6 热身激活 …… 014

2.7 有氧训练 …… 15

2.8 力量训练 …… 017

2.9 柔韧性训练与拉伸 …… 018

2.10 放松及快速恢复 …… 020

2.11 运动损伤防治 …… 023

3 冠军的居家健身秘籍

3.1 男生训练 …… 025

1. 练出强壮手臂 满满的男友力 …… 025

DIRECTORY 目录

2. 打造平整饱满胸肌 ······ 038
3. 练出肩宽背厚的倒三角身材 ······ 051
4. 这么练你也可以拥有六块腹肌 ······ 070
5. 高效臀腿训练让下肢力量爆棚 ······ 083
6. 男生专属训练 ······ 108

3.2 女生训练 ······ 116
1. 告别“拜拜肉”收获紧致手臂 ······ 116
2. 你与美丽只差一个“天鹅颈” ······ 129
3. 这几个动作让你的胸部更挺拔 ······ 138
4. 甩掉腰部赘肉轻松收获小蛮腰 ······ 151
5. 纠正含胸驼背打造完美背部线条 ······ 164
6. 结实丰满的臀部修长有力的腿 ······ 183
7. 恢复少女般紧致 ······ 196

4 运动与营养

4.1 运动 + 均衡饮食——塑造更健康的自己 ······ 204
4.2 如何做到均衡合理的膳食搭配 ······ 206
1. 减脂应该怎么吃 ······ 207
2. 增肌应该怎么吃 ······ 210
3. 一周减脂食谱 ······ 213
4. 一周增肌食谱 ······ 218

1 运动让我们成为更好的自己

1.1 人之初，性本动！

运动，可谓人类共同的“初心”。

地球上每一个美丽的生命，莫不是以虽笨拙却憨萌可爱的蹒跚运动，揭开了一生的序幕。这是自然赋予每个生命宝贵的天赋，生而有之，一生陪伴。

生命的本质在于“挑战”，更在于追求“超越”，运动是这一本质的最佳体现。“大汗淋漓”只不过是外在的副产品，心率的变化、呼吸的急促、力量的极限乃至意志的挑战，才是运动过程中激烈的主战场。

肌肉力量大幅提高、骨骼筋膜全面坚实、坚毅胆识的完美展现就是每一次运动，每一次挑战，每一次生命的律动所收获的辉煌战果。

来吧，动起来，让我们一起遇见更健康和更好的自己！

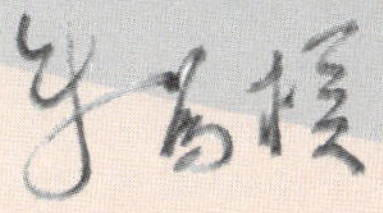

朱为模

美国运动科学院（National Academy of Kinesiology）院士，伊利诺伊大学厄巴纳—香槟分校终身教授。

1.2 运动促进健康

什么是健康？健康可不是简单的不生病。健康是身心的平衡，是一个人在身体、精神和社会认同等方面都处于良好的状态。

运动是促进健康的最有效手段之一。

随着社会的科技化，传统的大体力劳动正在从我们的身边迅速消失，带来的是体力消耗的减少及过度饮食！只有足够的运动，才能把多吃的能量消耗掉。

运动是保持心理健康，进行压力管理的最好缓冲剂。

运动也是结交朋友、寻找自信、提升领导力的绝佳手段。

运动一定会让你遇见健康的自己。

1.3 运动塑造完美形体

人体是大自然最精美的杰作，从古至今人们设定过许多对于人体的审美标准，环肥燕瘦，各有特色。总的来说人体之美在于健、力、美三者的结合和统一。

运动能有效消耗人体脂肪，增加肌肉含量，是最便捷、最直接的塑形方法。

女性完美身材
可参考指标
以身高为基准

1. 胸围：约为身高的 54%
2. 腰围：约为身高的 37%
3. 臀围：约为身高的 57%
4. 颈围：<35 厘米
5. 臂围：
   上臂围：约为身高的 15%
   前臂围：约为身高的 10%
6. 腿围：
   大腿围：约为身高的 30%
   小腿围：约为身高的 20%

男性完美身材
可参考指标
以身高为基准

1. 胸围：约为身高的 50%
2. 腰围：约为胸围的 75%
3. 臀围：约为胸围的 90%
4. 颈围：约为胸围的 38%
5. 臂围
   上臂围：约为胸围的 36%
   前臂围：约为胸围的 30%
6. 腿围
   大腿围：约为臀围的 60%
   小腿围：是臀围的 40%

1.4 健康就是领导力

健康的身心，是征战职场的基础，英文中 Fit 有两个意思，即“健康的”和“胜任的”。所以“Fit to Lead”可谓一语双关：只有健康的，才是胜任的，即“健康就是领导力”。

健康的领导做正确的决策，健康的员工更具创造力和成产力。

- **运动能明显提升身体素质及大脑活跃程度。**
- **运动能明显提高职场人士的执行力、专注力、创造性、风险意识、判断能力、团队意识等领导力特征。**
- **运动能有效促进内啡肽、多巴胺等幸福激素分泌，全面排解身心压力。**
- **运动还能提高睡眠质量，促进状态快速恢复。**
- **运动能有效促进团队成员的归属感和凝聚力，使团队更有战斗力。**

王 琰

北京市健美锦标赛比基尼冠军、普华永道会计师事务所高管王琰与我们分享运动与提升领导力的心得。

1.5 运动提高吸引力

什么是吸引力？
漂亮的脸蛋？标准的身材？迷人的嗓音？魅惑的香味？
人们相互的吸引是非常感性的事情，但吸引的背后却有着科学的依据。
现代科学证明：运动能使人看起来更具有吸引力。

- **长期运动能明显改善体态，身材更健美、挺拔。**
- **运动能促进血液循环、改善新陈代谢，使自己由内而外焕发美丽。**
- **运动能使体内产生内啡呔、多巴胺等激素，消除忧郁，让人积极阳光，更有亲近感。**
- **运动能调整激素平衡，增加掌控感，使人看起来更有自信和魅力。**

王天赏

北京市健美冠军王天赏与我们分享运动对身体的改变以及提高吸引力的经验。

2 认识高效运动健身训练

2.1 科学健身的“六五”要素

运动能让我们成为更好的自己。

想要达到最佳运动健身效果应先了解自己的身体状况，进而制订最适合自己的健身计划。

有效、科学的运动就和医生开处方一样，一是要对症，二是要把握好度，量小了，不起作用，量大了，反而会伤害身体。

科学的健身计划需要包括 6 大要素：强度、时间、频率、类型、进度及营养补充。

1	强度	根据自己的运动能力及运动目标设定合理的运动强度
2	时间	每次运动的时间长短，与运动强度及频率相关
3	频率	每周训练的次数，推荐每周不少于 3 次，不多于 5 次
4	类型	具体从事什么样的运动，常见的类型包括有氧训练、力量训练、柔韧训练等
5	进度	随着自身运动能力的提高而调整
6	营养补充	营养摄入应当与运动强度相匹配，高强度的运动必须配合相应的营养补充，否则会对身体造成伤害

而一次科学完整的运动，应包括热身激活、有氧训练、力量训练、柔韧性训练与拉伸、放松及快速恢复 5 个部分。

当然，除了热身激活、拉伸放松是每次训练必不可少的部分，有氧训练、力量训练及柔韧性训练是可以根据不同的训练目的灵活安排的。

热身激活 → 有氧训练 → 力量训练 → 柔韧性训练与拉伸 → 放松及快速恢复

2.2 运动前先自测

开始任何训练计划之前，你必须对自己的身体情况有一个正确的了解，身体情况包括有氧能力、肌力、肌耐力、柔韧性等各个方面，这些方面又受到你的身体年龄、体重和过去的训练经验等的影响。请先回答下列问题：

（1）您有心脏病或者高血压等慢性疾病吗？

（2）您在休息时、进行日常活动时或者运动时会感到胸疼吗？

（3）过去的 12 个月当中，您出现过因眩晕而失去平衡或失去意识知觉的情况吗？

（4）您在运动后或日常活动过程中是否经常出现低血糖症状？（低血糖症状包括发抖、紧张、过分易怒暴躁、异常出汗、头晕、轻度头痛、意识模糊、说话困难、虚弱无力。）

（5）您已经在定期地、有规律地进行体育锻炼了吗？（这里指的是每次以中强度进行有计划、结构化的体力活动至少 30 分钟，每周至少 3 次且持续了 3 个月以上。）

如果你对问题（1）~（4）中任何一个的回答是“有”，那你应该先到医院做个详细的体检，咨询医生你应该如何开始运动。如果你对问题（5）的回答是“有”，你可以继续已经开始的中等强度运动。如果回答是“没有”，你可以先做以低强度为主的运动。

有氧能力测试

心率测量是测定有氧能力最简单的方法。心率是指每分钟心脏跳动的次数。我们一般通过静息心率来做考量。静息心率一般在早晨醒来的第一时间进行测量，计算一分钟内摸到的跳动（脉搏）次数。对大多数成年人来说，心率为 70 次左右 / 分钟。如果在安静时多次测量，发现心率高于 80 次 / 分钟，则需要注意观察。经常参加有氧运动的人，静息心率可下降到 55 次 / 分钟。

有氧运动介绍（详见 15 页）。

肌耐力测试

通常使用俯卧撑测试肌耐力。俯卧撑测试的目标是在一分钟内以正确的动作尽可能多地完成俯卧撑动作。

注意，男性是做标准俯卧撑（详见 30-1 页），女性是做跪姿俯卧撑（详见 62-2 页）。

男性做标准俯卧撑个数（个）

标准	年龄（岁）		
	20~29	30~39	40~49
优秀	36 或更多	30 或更多	25 或更多
很好	29~35	22~29	15~25
好	22~28	17~21	13~15
一般	17~21	12~16	10~12
需要提高	16 或更少	11 或更少	9 或更少

女性做标准俯卧撑个数（个）

标准	年龄（岁）		
	20~29	30~39	40~49
优秀	30 或更多	27 或更多	21 或更多
很好	21~29	20~26	13~20
好	15~20	13~19	10~12
一般	10~14	8~12	6~9
需要提高	9 或更少	7 或更少	5 或更少

柔韧性测试

坐位体前屈是最常见的柔韧性测试之一，它反映了腘绳肌（大腿后部的肌肉）和下背部的柔韧性。

扫码观看视频

年龄	性别	1分	2分	3分	4分	5分
20~24岁	男	−3.5~1.7	1.8~8.9	9.0~14.1	14.4~20.1	>20.1
20~24岁	女	−2.1~2.8	2.9~9.4	9.5~14.3	14.4~20.2	>20.2
25~29岁	男	−5.5~0.9	1.0~7.8	7.9~13.4	13.5~19.7	>19.7
25~29岁	女	−3.5~1.9	2.0~8.2	8.3~13.9	14.0~19.7	>19.7
30~34岁	男	−7.0~0.1	0.0~6.4	6.5~11.9	12.0~18.3	>18.3
30~34岁	女	−4.0~1.6	1.7~7.9	8.0~13.3	13.4~19.2	>19.2
35~39岁	男	−8.7~2.4	−2.3~4.9	5.0~10.7	10.8~17.1	>17.1
35~39岁	女	−8.7~2.4	−2.3~4.9	5.0~10.7	10.8~17.1	>17.1

平衡性测试

闭眼单脚站立测试，该测试评估静态平衡和本体感觉。

扫码观看视频

水平	年龄					
	18~39岁	40~49岁	50~59岁	60~69岁	70~79岁	>80岁
低于平均水平	< 43秒	< 40秒	< 37秒	< 27秒	< 15秒	< 6秒
平均水平	43秒	40秒	37秒	27秒	15秒	6秒
高于平均水平	> 43秒	> 40秒	> 37秒	> 27秒	> 15秒	> 6秒

2.3 制订科学有效的健身训练计划

对于刚开始健身的人来说，建议从简单的基础动作开始，且训练重点应该放在学习正确的训练模式上，以此作为基础。在这个阶段，你必须要给身体一个机会，让它逐渐适应训练对身体带来的压力，同时还要达成健身的目标。

初学者建议先执行 4 周的训练计划，养成锻炼习惯的同时会帮助你逐渐提高身体的耐受力，伴随着最少的肌肉疼痛去忍受来自训练的压力。在这个阶段，首先要先将节奏慢下来，为以后进行更高级的训练项目和训练计划打下基础。建议不要在训练计划的初期就进行大运动量或者高强度的训练，因为大部分初始力量的增强都是由于神经上的适应而不是肌肉肥大造成的。

初学者训练指南：

（1）在训练前进行 5~10 分钟的热身。

（2）一定要认真学习正确的动作过程。

（3）刚开始时可以只进行一组训练，随着能力提升可以逐步增加至 2~4 组。

（4）组间或每个动作之间可以安排 1~2 分钟休息时间。

（5）力量训练时要避免不稳定的、无法控制的动作。

（6）结合自己的身体情况，有氧训练可以每天练，力量训练每周练 2~3 天，但不要连续两天训练。

李 恒

国家高尔夫球队体能教练，南京航空航天大学教授李恒与我们分享，如何制订适合自己的训练计划。

对于初学者来说，一周进行两天到三天的全身训练可以有效提高肌肉能力。在完整的执行完 4 周训练计划之后，可以继续为自己制订 8 周、12 周的训练计划，巩固学习的运动技术，同时为更高级的训练打下坚实的基础。

对于有一定运动基础的人，或者成功坚持完成 3 个月或更久的初级训练计划的人来说，可以制订一个新的训练计划。这个阶段的训练重点是提高训练频率，且将分体训练（分体训练是指把训练分成不同组来进行身体特定部位的训练）结合到训练计划中。

进阶的训练计划可以在不同的日子交替训练每个身体部位。虽然在限定的时间内仍需要提高训练次数，但这种方法可以使肌肉得到有效的恢复。所以，这一阶段的训练计划应该增加每个训练的组数、增加每次训练项目的练习次数，或者使用更大重量的器械。同时，为了达到更好的训练效果，在力量训练的同时可以增加一些有氧训练。

进阶版训练计划建议：

（1）明确你的训练目标。

（2）明确你的训练时间。

（3）有氧可以天天练，但不可以连续两天做同一部位的力量训练。

（4）先训练大肌肉群，再练小肌肉群。（例如，当锻炼腿部、背部和手臂时，应首先锻炼腿部，其次是背部，最后是手臂。）

（5）同样的训练强度下，建议选择小重量的器械，多次数的去完成。

进阶版训练计划对于提高肌肉力量和肌肉大小有更显著的成效，同时可以通过对指定肌群设计具体的训练计划帮助训练者达到训练目标。

2.4 为什么 99% 的健身计划都以失败而告终

在漫长的进化历程中，人类大多生活在饥一顿饱一顿的状态中。在恶劣的生存环境下，人能迅速变胖是件好事。简而言之：基因决定我们天生“好吃懒做”。

下面这五个建议能帮助您成功完成减肥瘦身计划。

1. **坚定健身的决心**
   在开始健身之前，一定要好好问问自己：为什么要开始改变？好的开始是成功的一半。

2. **明确目标的可实现路径**
   目标越具体越容易执行。比如：本星期我每天走 10000 步或减重 1 公斤。

3. **找到能支持你的伙伴**
   能够支持你、鼓励你、监督你的圈子非常重要。

4. **吃的健康与运动一样重要**
   合理的营养摄入对健身塑形一样重要，需要吃得对，也要吃得好。

5. **别忘了奖励自己**
   在执行计划中偶尔“放纵”一下反而更容易坚持，注意是“偶尔”哦。

张营（Tony）

高级私人教练、国家运动营养师张营跟大家分享一年成功减重 60 斤的逆袭之路。

扫码观看视频

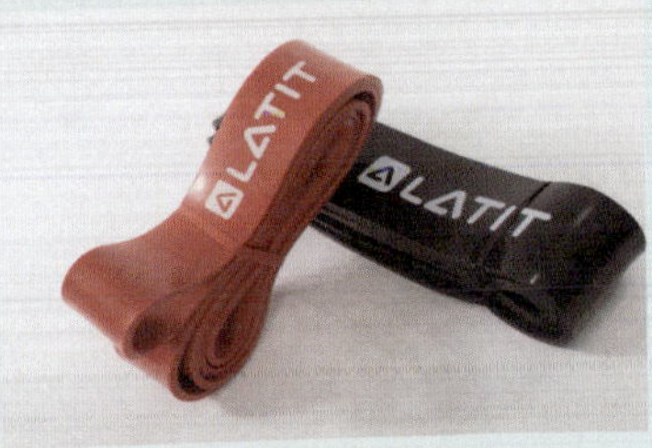

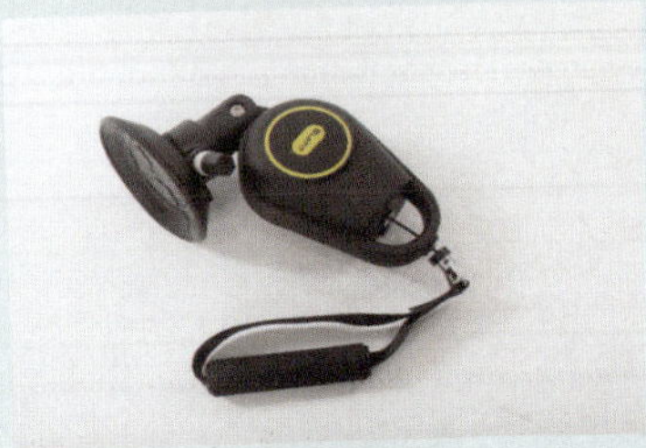

2.5 选择装备

“健身运动、装备先行”，健身不仅需要有正确的运动技术，还要准备一些必要的运动装备。

运动服一般建议选择运动面料，能够具备优良的排汗透气性能，合身、舒适最重要；最好选择专业的运动鞋，能够有效减少运动中对脚踝、膝盖的损伤。

运动手套可以防止手太滑抓不稳杠铃，同时可以防止手掌被磨出茧子。

运动护具可以较好地稳定关节，减轻运动中关节的碰撞与磨损，同时还可以防止运动中摔伤时对表皮的损伤。常用的护具有护膝、护踝、护腕、护肘、护腰等。

2.6 热身激活

热身是指在训练之前，为缩短进入运动状态的时间和预防运动损伤而有目的的进行的身体练习，为即将来临的剧烈运动做好准备。

热身分为一般性热身和专业性热身，一般性热身即全身的基础性身体活动，专业性热身则是采取实际运动时的动作，从强度低、简单的动作开始。

热身的主要目的：

（1）增加肌肉和血液的温度，使整个身体的温度升高；

（2）激活参与运动的肌肉，使肌肉力量更高效地被利用；

（3）预防运动损伤，有效降低运动中受伤的风险。

2.7 有氧训练

有氧训练是指以有氧供能为主，运动时全身主要肌肉群都参与，心跳加快，连续有节奏的运动。有氧运动能迅速提高心肺能力及耐力，能改善呼吸循环系统功能，也是最有效的减重运动。

有氧能力的高低是决定健康水平的关键因素，有氧能力可以通过有氧运动大幅提升。

有氧运动的形式有很多，常见的如快走、跑步、游泳、跳绳、跳有氧操等。

1. 慢跑

慢跑是一种中等强度的有氧运动，目的是以较慢或中等的节奏跑完一段相对较长的距离，以达到热身或锻炼的目的。

在跑步机上慢跑可以不受天气的影响，并且更加方便，在家随时可以锻炼。

2. 跳绳

跳绳能够有效训练个人的反应和有氧能力，同时锻炼肺活量，增强心肺系统功能。跳绳能使心律维持在与慢跑大致相同的水平，但它可以避免因跑步姿势不正确而产生的膝、踝关节疼痛。另外，跳绳对增加骨密度也有好处。

体重基数较大的人在刚开始减重时可以采用游泳作为主要的有氧运动，防止因体重过大对膝盖等关节造成压力。

有氧训练基本原则：

刚开始锻炼时有氧运动强度应该主要控制在低中强度，适应后慢慢过渡到高强度。

健康的人每周应保证至少 150 分钟中等强度或 75 分钟高强度的有氧运动。

有氧运动的最佳频率为每周 3~5 天，每次连续 30 分钟，每次运动的间隔时间不超过 48 小时。

2.8 力量训练

力量训练即给肌肉施加负荷，以实现肌肉力量增长和肌肉围度增加的训练。

力量训练可分为徒手训练、自由重量训练、固定器械训练等。

力量训练可在健身房、家中或者其他安全地点进行，借助哑铃、弹力带、单杠等小器械和史密斯架、杠铃等重器械，或者徒手运动，在不损伤自身关节和韧带的基础上进行。

1. 基本原则

负荷强度：用自己可以一次举起最大重量的 60% ~70%的重量进行每组 8~12 次的重复训练

重复次数：每个主要肌群每次练习 2~3 组

间歇时间：每组之间 1~3 分钟

训练频率：每周隔天训练 2~3 次为佳，因为肌肉需要大约 24~48 小时的休息才能恢复

进阶原则：每次进阶可在现有的负荷上增加 5% ~10%的重量

2. 训练目标

训练之前需要明确自己的训练目标，根据想要的训练效果指定训练计划。

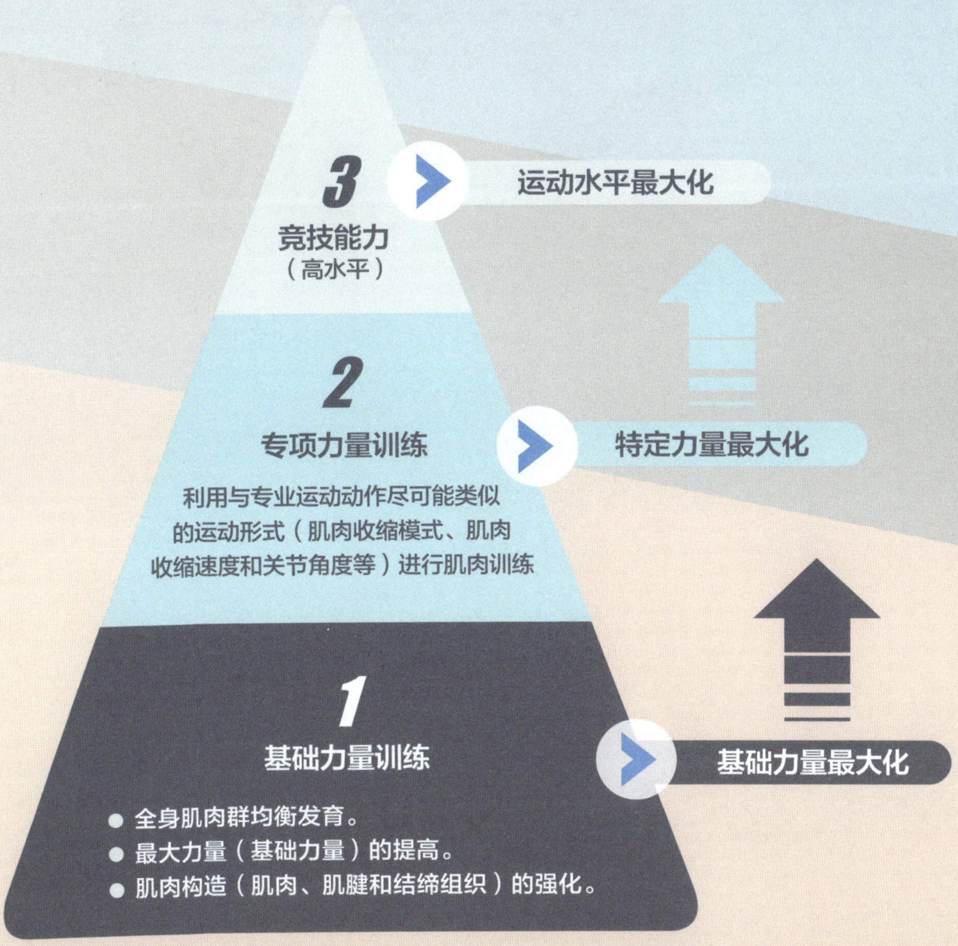

2.9 柔韧性训练与拉伸

柔韧性是指人体关节活动幅度及关节韧带、肌腱、肌肉、皮肤和其他组织的弹性和伸展能力，即关节和关节周围肌肉的活动范围。柔韧性可分为主动柔韧性和被动柔韧性两大类。

随着年龄的增长，人的柔韧性会逐渐降低，我们可以通过特定的训练来锻炼自己的柔韧性。增加柔韧性其实并不难，每天 15 分钟，就可以全面提高身体柔韧性，但切记不可一蹴而就。

加强柔韧性的好处：

扩大关节、韧带的活动范围，提高运动表现；

缓减肌肉僵硬，防止产生肌肉痉挛，有效减少受伤风险；

增强腰腿灵活性，促进气血循环；

加强血管壁和皮肤的弹性，延缓肌肉衰老。

拉伸

肌肉拉伸是柔韧性练习的最佳方式，可以分为静态拉伸和动态拉伸。

静态拉伸是一种缓慢拉伸肌肉、肌腱，在关节活动度的极限位置略微停顿的拉伸方式，优点是不易产生伸张反射和肌肉酸痛，最安全。静态拉伸应该成为运动结束后整理活动的一部分。

动态拉伸是一种有意识的收缩目标肌肉的拮抗肌，通过关节屈伸、转动等方式拉伸肌肉和肌腱的方法。优点是可以提高动态柔韧性、提高平衡能力、提升动作速度等。动态拉伸应该成为运动前热身的一部分。

双料世界冠军韩晨来为我们示范全身拉伸方法

被动拉伸

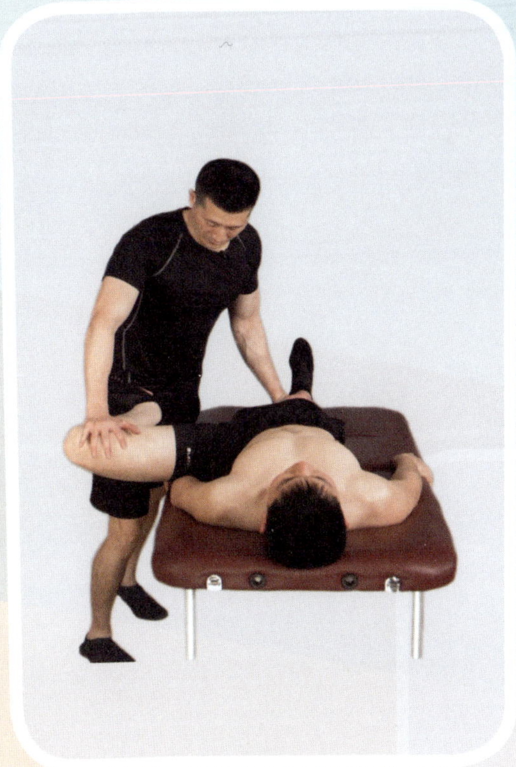

扫码观看视频

自我拉伸

扫码观看视频

2.10 放松及快速恢复

运动后放松的主要作用

运动后的及时放松很有必要。激烈运动后，能量代谢产生的废物（如乳酸等）堆积在身体里，适当有效地放松，就好像是启动了传送带的动力装置，提高废物移动速度，有利于废物排出体外。

运动后放松方式

常见的放松方式有使用泡沫轴、筋膜枪、筋膜球进行放松，以及运动按摩。

1. 泡沫轴

泡沫轴可以帮助消除肌肉紧张，加强核心肌肉力量及灵活性。泡沫轴不仅能改善肌肉酸痛，还能提高关节活动度，加速身体运动后的恢复。

扫码观看视频

2. 筋膜枪

筋膜枪，也称深层肌筋膜冲击仪，是利用其内部特制的高速电机来带动“枪头”，产生高频的震动作用到肌肉深层，达到减少局部组织张力、缓解疼痛、促进血液循环等作用。

扫码观看视频

3. 筋膜球

筋膜球是一种方便、高效的放松辅助器械，可以达到放松肌肉筋膜、缓解紧绷感和疼痛、增加活动能力和血液循环等作用。筋膜球能有效地按摩到深层组织，它模仿人的手掌和肘部，小巧灵活，通过一定的压力来实现对颈部、背部、肩部、臀部、腿部及脚部的按摩。

韩 晨

技巧世界冠军、蹦床世界冠军，游泳奥运冠军孙杨的体能教练韩晨跟我们分享常用放松与快速恢复使用方法。

扫码观看视频

2.11 运动损伤防治

运动损伤是指运动中发生的受伤和障碍，有些是急性的运动外伤，还有一些是慢性的运动障碍。

常见的运动外伤有扭伤、脱位、骨折、软骨损伤、韧带损伤、肌腱断裂、肌肉拉伤、脑震荡、皮肤创伤等。

常见的运动障碍损伤有疲劳性骨折、尖胫痛、跟腱炎、跑步膝、网球肘等。

充分的热身活动和整理活动、正确的训练动作以及科学的训练计划能有效预防损伤。

如果运动中受到外伤或者怀疑存在运动障碍时，应立即进行 RICE 处理，并尽早找专业医生治疗。

处理原则：大米原则

大米原则（RICE）是非常有效的常见运动损伤处理原则。如果伤势轻微，可自行参照这个原则处理，如有出血或无法痊愈，则一定要去咨询专业医生。

REST 休息	受伤后应当马上休息，尤其伤处不能进行任何活动。
ICE 冰敷	冰敷受伤处，接触 10~30 分钟，每 1~1.5 小时冰敷一次，根据受伤程度持续 24~72 小时。
COMPRESSION 压迫	用海绵、垫子等按住快要肿起的部位，并用绷带或胶带缠好，轻轻压住伤处。
ELEVATION 抬高	患处抬高至高于心脏，睡觉时也要保持抬高状态。

庞晓峰

奥运冠军韩晓鹏的金牌队医庞晓峰跟我们分享一些常见的运动损伤处理方法。

扫码观看视频

3 冠军的居家健身秘籍

平整饱满的胸肌、肩宽厚背的倒三角身材、美丽的天鹅颈、丰满的臀部、修长有力的双腿……大家都想拥有。

这里有冠军们私家珍藏的高效健身秘籍，让咱们一起炼起来吧。

（记得遵守“六五”原则，搭配选择适合自己的热身、有氧、拉伸运动及恢复手法哦。）

3.1 男生训练

1.二

练出强壮手臂 满满的男友力

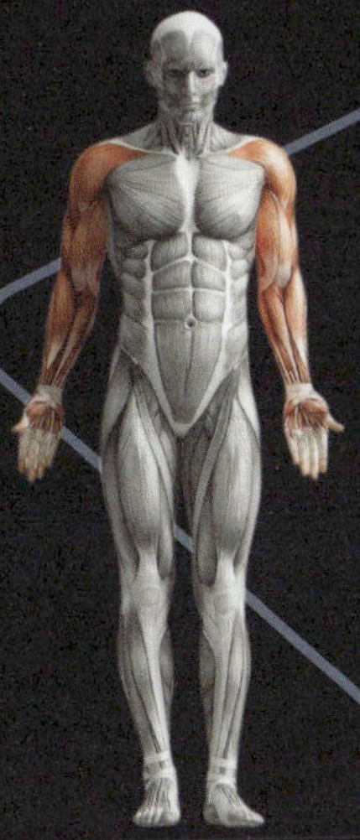

臂部肌肉最能展现男子的力量，粗壮有力的臂膀更能给人安全感，让男生男友力十足，优美的手臂线条也会在不经意间展示男性的小性感。

大臂肌群中最有代表性的是肱二头肌和肱三头肌。前臂肌肉层次复杂，功能多样，健身中我们多以肱桡肌、腕伸肌和腕屈肌的练习为主，兼顾其他相关肌肉的训练。

李秉炜

击剑（花剑）世界冠军李秉炜分享几个他私家珍藏的简单、高效的臂部肌群训练动作。

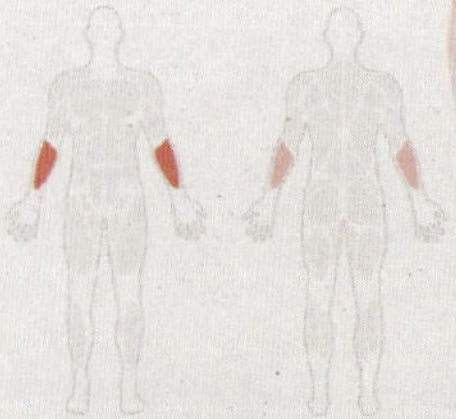

主要锻炼肌肉群
前臂肌群

标准
① 腕力器

扫码观看视频教程

降阶
腕力球

扫码观看视频教程

升阶
腕弯举

扫码观看视频教程

主要锻炼肌肉群 **前臂肌群**

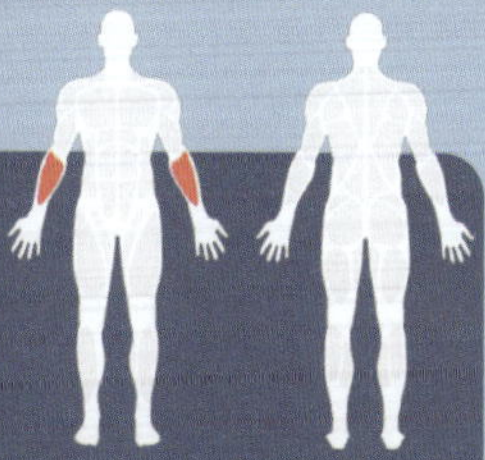

标准

腕力器

动作过程：

肘关节固定，腕力器一端固定在小臂上，手心向上，手臂从臂圈下伸出，使手腕背面紧贴压腕套。手腕用力向内弯至极点，停留 1 秒，缓速还原。建议每组 20 个，每次 3~5 组。

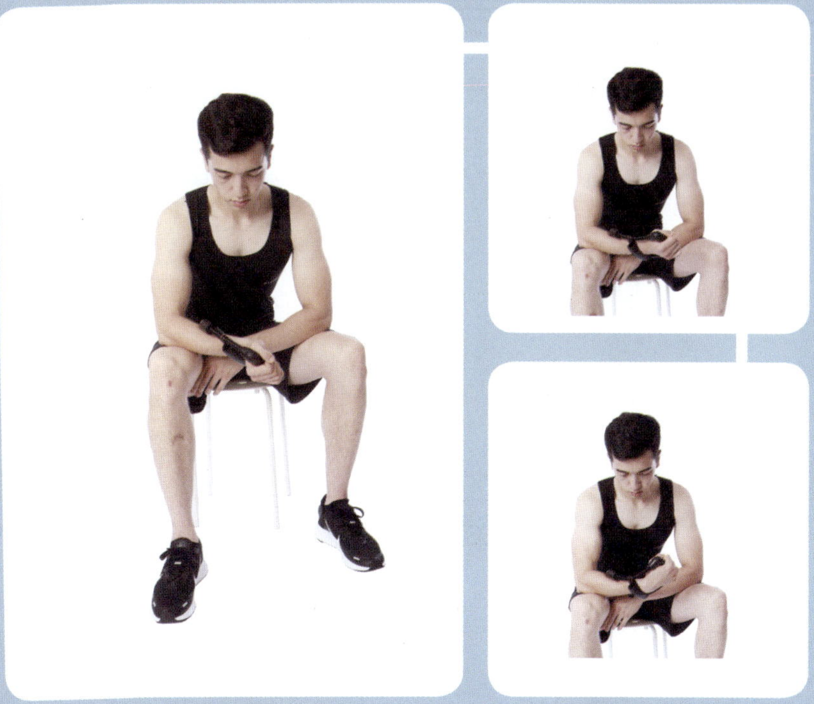

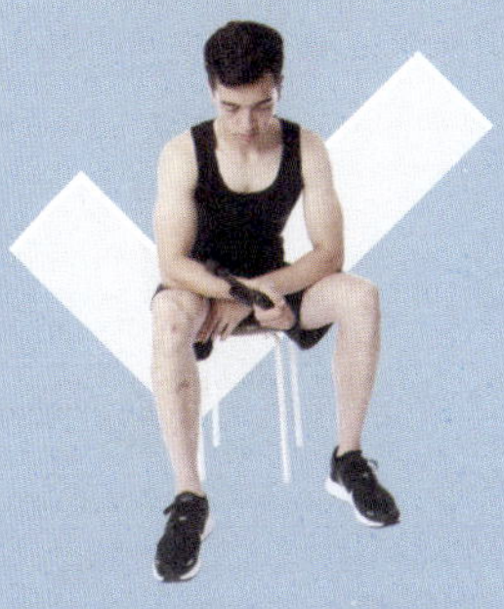

动作要点：

1. 调节好压腕套，调节到合适的尺寸；
2. 每次练习时间不宜过长；
3. 弯腕时吸气，还原时呼气。

易错纠错：

练习时需固定肘关节。

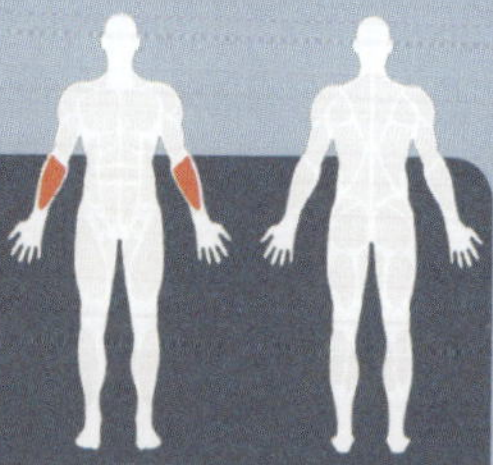

降阶

腕力球

动作过程：

双手捧住腕力球，用大拇指沿着箭头的方向缓慢推动转子，直到推不动为止；握紧上紧发条的腕力球，球内转子开始快速转动，手腕适应以后，转动手腕加速转子。建议每次练习时间不超过 10 分钟。

动作要点：

紧握上紧发条的腕力球。

易错纠错：

1. 高速运转的时候不要松开手；
2. 不要悬挂上紧发条的腕力球。

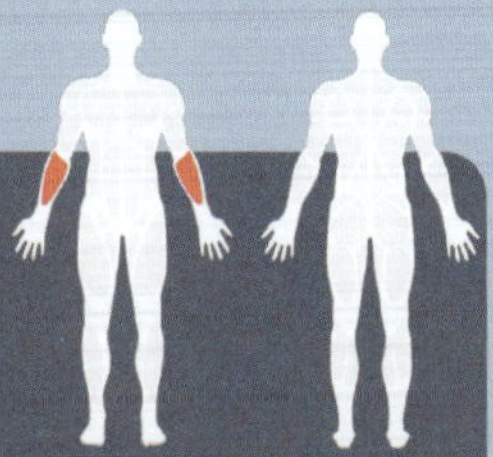

升阶

腕弯举

动作过程：

双手各持一只哑铃，掌心向上，肘部固定。收缩前臂肌肉，用手腕将哑铃向上弯举，直至前臂肌肉收缩到极限，停留1秒，缓速还原。建议每组10个，每次3~5组。

动作要点：

1. 弯举过程中前臂不要移动；
2. 弯举时呼气，下放时吸气。

易错纠错：

练习时需固定肘关节。

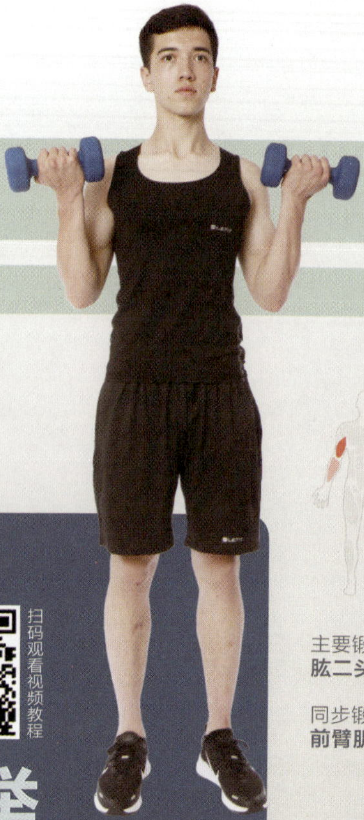

② 标准 哑铃弯举

扫码观看视频教程

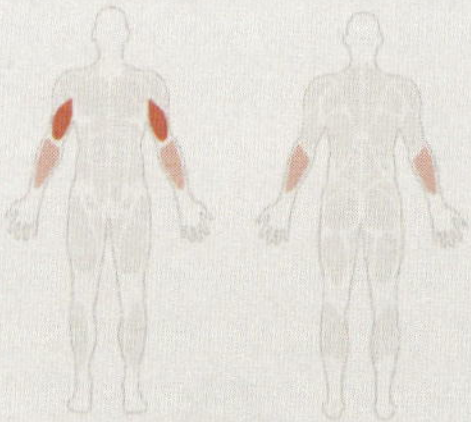

主要锻炼肌肉群
肱二头肌

同步锻炼肌肉群
前臂肌群

降阶 弹力带弯举

扫码观看视频教程

升阶 杠铃弯举

扫码观看视频教程

主要锻炼肌肉群 **肱二头肌**
同步锻炼肌肉群 **前臂肌群**

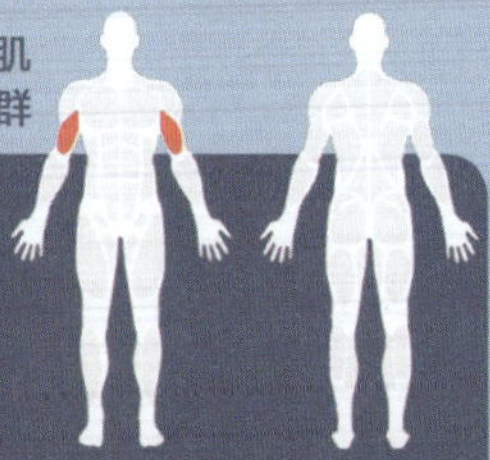

标准

哑铃弯举

动作过程：
身体直立，双手各持一只哑铃，双臂在身体两侧自然下垂；掌心向前，上臂保持固定，收缩肱二头肌，前臂向上弯举，直至哑铃与肩同高，停留 1 秒，缓速还原。建议每组 6~12 个，每次 3~5 组。

动作要点：
1. 起始位置掌心相对，弯举的过程中旋转手腕，使掌心最终向后；
2. 弯举时呼气，下放时吸气。

易错纠错：
不要借助腰部力量完成动作。

主要锻炼肌肉群 **肱二头肌**
同步锻炼肌肉群 **前臂肌群**

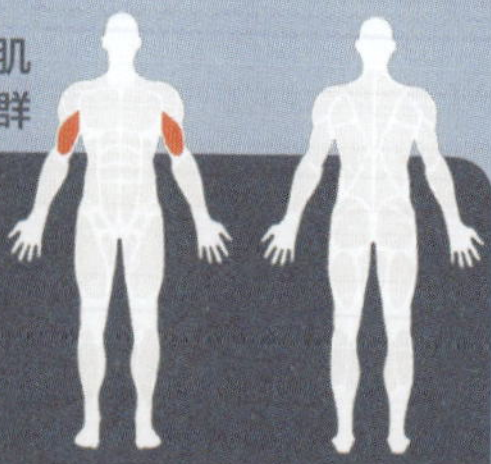

降阶

弹力带弯举

动作过程：

身体直立，双手放松垂直握紧弹力带，一只脚踏实弹力带，两臂以肘关节为轴心，利用肱二头肌的收缩将弹力带拉向锁骨，停留 1 秒，缓速还原。建议每组 10 个，每次 3~5 组。

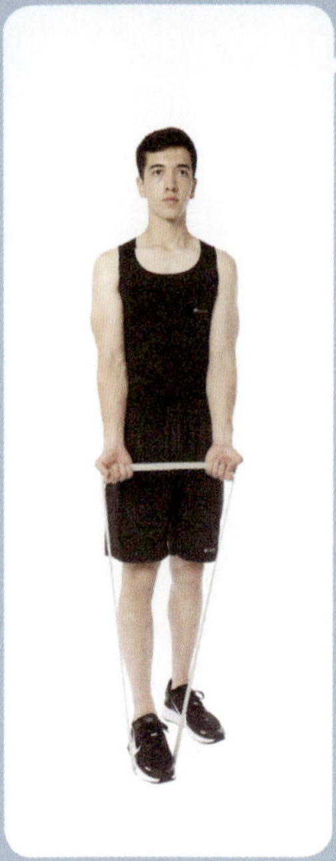

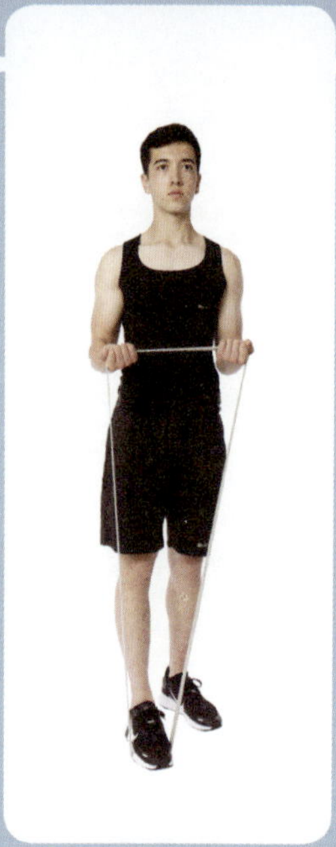

动作要点：

1. 双臂尽量贴紧肋骨；
2. 上拉时呼气，还原时吸气。

易错纠错：

手臂不要外展。

主要锻炼肌肉群 **肱二头肌**
同步锻炼肌肉群 **前臂肌群**

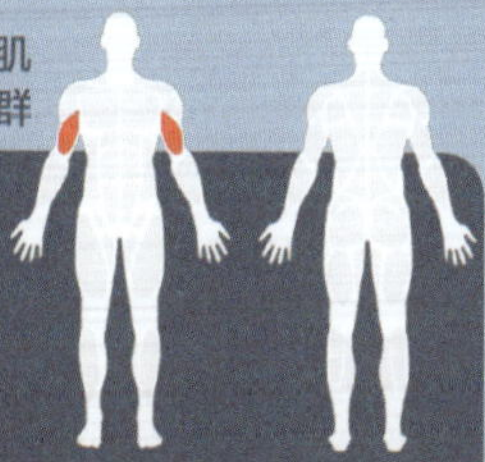

升阶

杠铃弯举

动作过程：

将杠铃调整到合适重量，双手握住杠铃，掌心向前与肩同宽。肘关节固定，肱二头肌发力，前臂向上弯举，直至杠铃与肩同高，停留 1 秒，缓速还原。建议每组 8~12 个，每次 3~5 组。

动作要点：

1. 起始位置掌心向前，弯举后掌心向后；
2. 弯举时呼气，还原时吸气。

易错纠错：

1. 上体保持正直，不要借助腰部力量完成动作；
2. 杠铃下放速度不要过快。

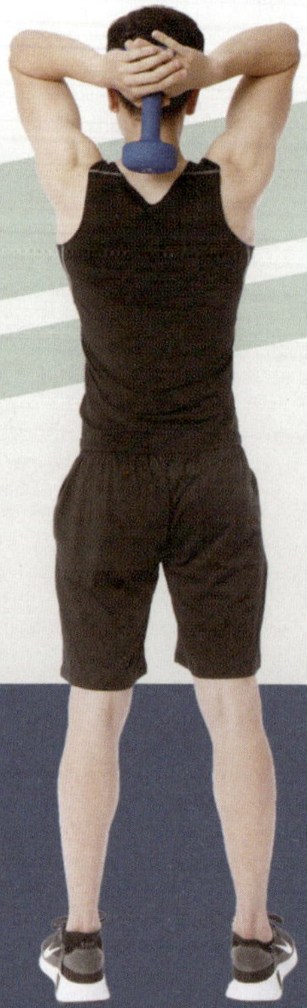

③ 标准

哑铃颈后臂屈伸

扫码观看视频教程

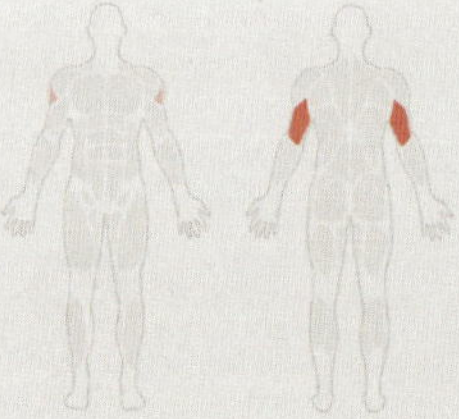

主要锻炼肌肉群
肱三头肌

同步锻炼肌肉群
三角肌

降阶

弹力带颈后臂屈伸

扫码观看视频教程

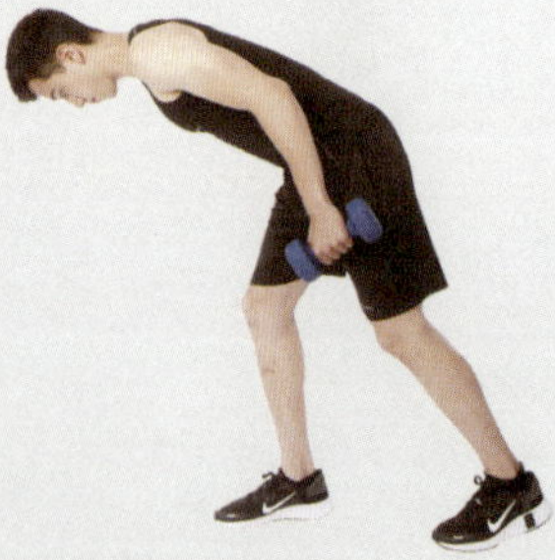

升阶

俯身臂屈伸

扫码观看视频教程

主要锻炼肌肉群 **肱三头肌**
同步锻炼肌肉群 **三角肌**

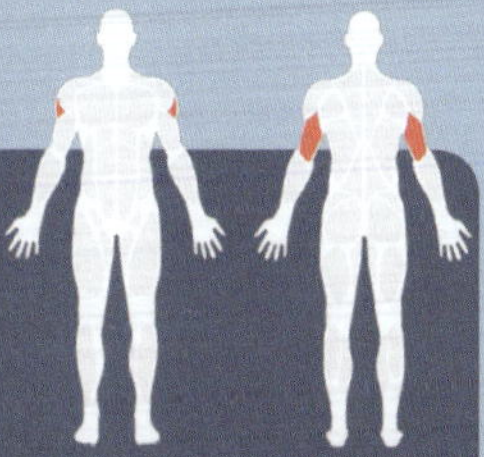

标准

哑铃颈后臂屈伸

动作过程：

双手持哑铃放在脑后，前臂与地面水平，肩膀内夹，目视前方。缓慢将哑铃上举至最高点，停留 1 秒，缓速还原。建议每组 6~12 个，每次 3~5 组。

动作要点：

上举时呼气，下放时吸气。

易错纠错：

1. 肘关节不要过度外展，不要低头；
2. 身体不要前后晃动。

主要锻炼肌肉群 **肱三头肌**
同步锻炼肌肉群 **三角肌**

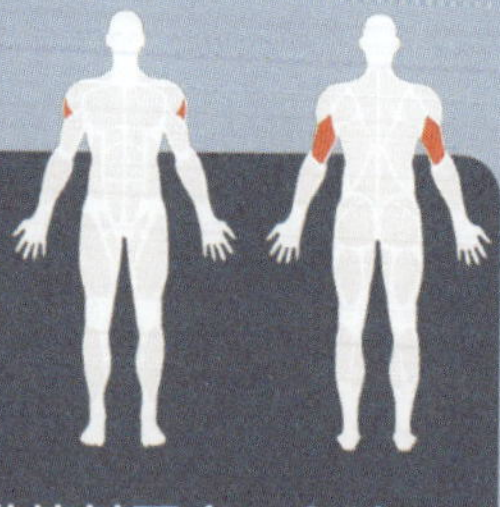

降阶

弹力带颈后臂屈伸

动作过程：

单脚踩住弹力带，两手于颈后拉住弹力带使其固定。上臂垂直于地面，缓慢将弹力带向上拉至最高点，停留 1 秒，缓速还原。建议每组 6~12 个，每次 3~5 组。

动作要点：

两肘要向内夹。

易错纠错：

1. 不要弯腰撅屁股；
2. 腕关节不要外翻。

主要锻炼肌肉群 **肱三头肌**
同步锻炼肌肉群 **三角肌**

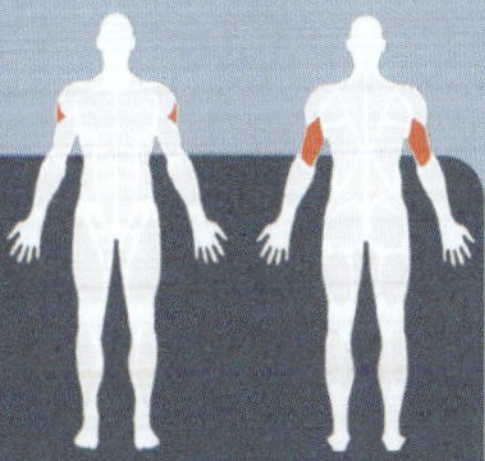

升阶

俯身臂屈伸

动作过程：

俯身，双手持铃，大臂向后伸并贴紧身体；稳定躯干，手臂发力将哑铃向后举到最高点，停留 1 秒，缓速还原。建议每组 10~15 个，每次 3~5 组。

动作要点：

1. 每次动作起始时，前臂和大臂之间呈 90°；
2. 大臂稳定并且贴近身体。

易错纠错：

举到最高点时双手持铃不要一高一低。

2.

打造平整饱满胸肌

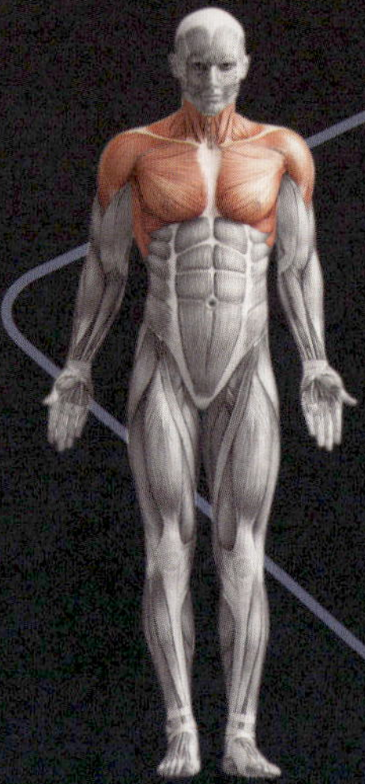

胸部平整、丰满、结实，肌肉发达，线条分明，是男性形体美的主要标志，体现出男子气概。

胸部肌肉主要包括胸大肌和胸小肌，胸大肌位于胸前浅层，为扇形扁肌，胸小肌位于胸大肌深层。

杨至刚

国家棒球队体能教练杨至刚分享几个他私家珍藏的简单、高效的胸部肌群训练动作。

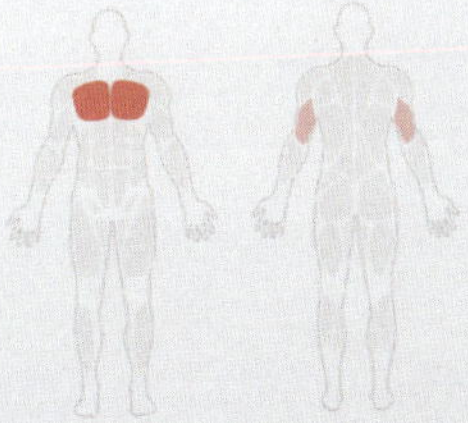

主要锻炼肌肉群
胸部肌群

同步锻炼肌肉群
肱三头肌

标准

① 俯卧撑

扫码观看视频教程

Tips：使用俯卧撑支架，训练效果会更明显。

降阶

跪姿俯卧撑

扫码观看视频教程

升阶

宽距俯卧撑

扫码观看视频教程

主要锻炼肌肉群 **胸部肌群**
同步锻炼肌肉群 **肱三头肌**

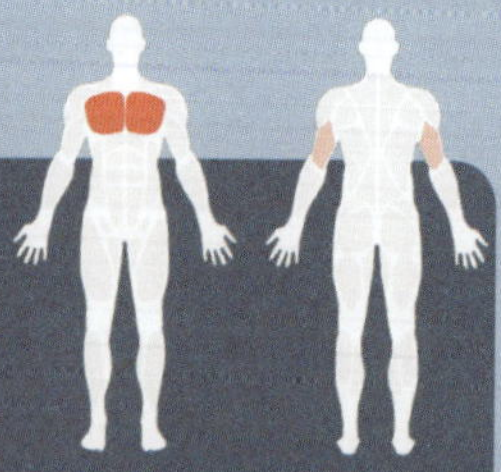

标准俯卧撑

动作过程：

双手双脚四点支撑于地面，双手分开，距离约等于肩宽的1.5倍，双脚并拢，从头至脚形成一条直线。双肘伸直，前臂与地面保持垂直，臀部和腹部核心区域保持收缩。屈肘使身体缓慢下降，直到胸部几乎和地面接触，然后伸直手臂使身体上升，缓速还原。建议每组 5~10 个，每次 3~5 组。

动作要点：

1. 保持身体在一条直线上；
2. 躯干下沉时吸气，撑起时呼气。

易错纠错：

1. 上臂与躯干夹角不要过大；
2. 不要撅屁股或塌腰。

主要锻炼肌肉群 **胸部肌群**
同步锻炼肌肉群 **肱三头肌**

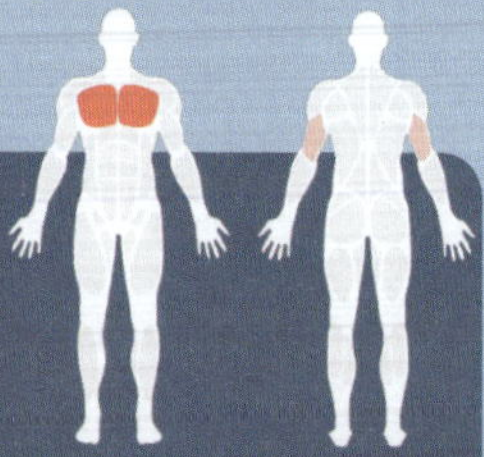

降阶

跪姿俯卧撑

动作过程：

双手双膝四点支撑于地面，双手分开距离约等于肩宽的 1.5 倍，上身与大腿形成一条直线。双臂伸直。臀部和腹部核心区域保持收缩，全身紧绷，屈肘使身体缓慢下降，直到胸部几乎与地面接触，然后伸直手臂使身体上升，缓速还原。建议每组 10 个，每次 5 组。

动作要点：

1. 保持躯干和大腿始终呈一条直线；
2. 小腿微微抬起，脚尖尽量不要触碰地面；
3. 躯干下沉时吸气，撑起时呼气。

易错纠错：

1. 身体下降速度不要过快；
2. 避免撅屁股或塌腰。

主要锻炼肌肉群 **胸部肌群**
同步锻炼肌肉群 **肱三头肌**

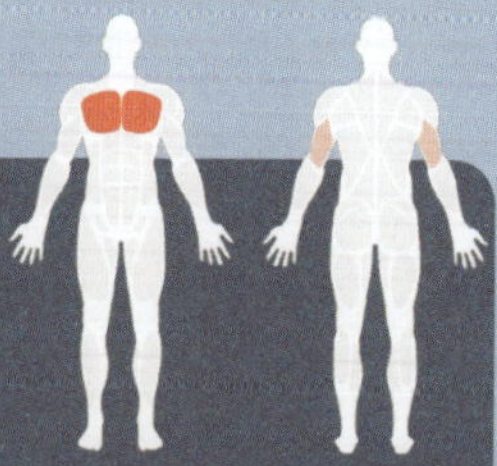

升阶

宽距俯卧撑

动作过程:

双手分开为肩宽的两倍，双脚并拢，双手双脚四点支撑于地面，从头至脚呈一条直线。双臂伸直，屈肘使身体缓慢下降至胸部几乎和地面接触，然后伸直手臂使身体上升，缓速还原。建议每组 5~10 个，每次 3~5 组。

动作要点:

1. 双手分开距离要尽量大;
2. 身体保持在一条直线;
3. 躯干下沉时吸气，撑起时呼气。

易错纠错:

1. 身体下降或上升速度不要过快;
2. 不要撅屁股或塌腰。

标准

② 哑铃胸推

扫码观看视频教程

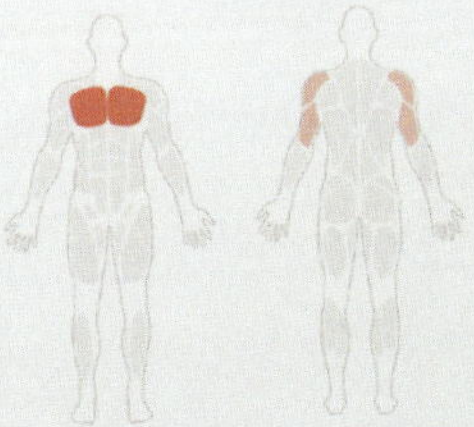

主要锻炼肌肉群
胸部肌群

同步锻炼肌肉群
肱三头肌、三角肌

降阶

弹力带胸推

扫码观看视频教程

升阶

杠铃胸推

扫码观看视频教程

主要锻炼肌肉群 **胸部肌群**
同步锻炼肌肉群 **肱三头肌、三角肌**

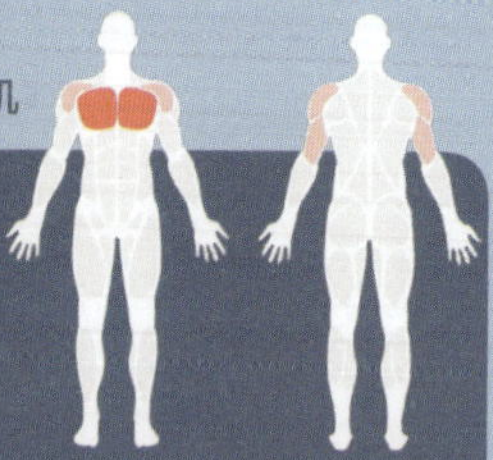

标准

哑铃胸推

动作过程：

平躺在健身椅上，挺胸收腹，双脚支撑地面，双手各握一只哑铃，手臂向上伸直，推至胸部上方，掌心向前。手臂弯曲，将哑铃缓慢下降至胸部两侧，直至感受胸部被拉伸；向上伸直手臂，将哑铃快速上推到胸部上方，在顶端停留1秒，缓速还原。建议每组10~15个，每次3~5组。

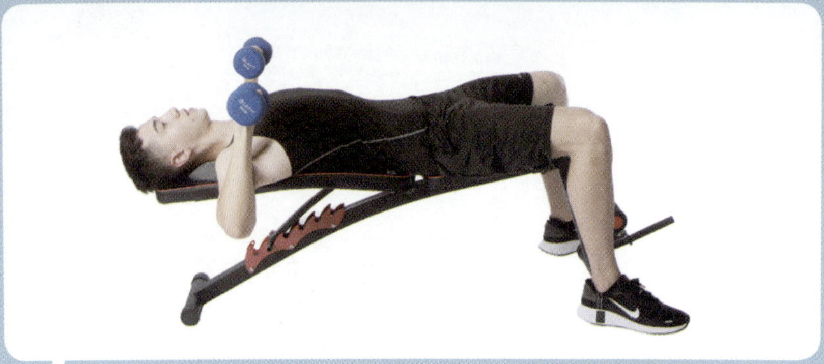

动作要点：

1. 推起时肘关节不要锁死；
2. 哑铃下降所花费的时间应该是上推所花费时间的两倍；
3. 推起时呼气，还原时吸气。

易错纠错：

1. 推起时手臂不要倾斜；
2. 哑铃下降时速度不要过快。

主要锻炼肌肉群 **胸部肌群**

同步锻炼肌肉群 **肱三头肌、三角肌**

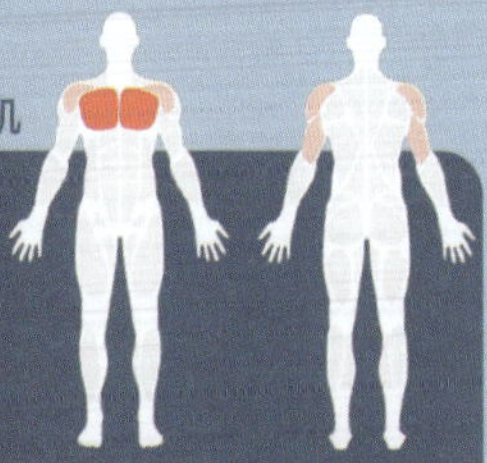

降阶

弹力带胸推

动作过程：

平躺在长椅上，挺胸收腹。将弹力带从肩膀下方穿过，双手各握一侧，向上伸直手臂，再缓慢屈臂，直到肘部呈 90° 。用胸部的力量将手臂快速向上举起，直至自然伸直，停留 1 秒，缓慢还原。建议每组 10~15 个，每次 3~5 组。

动作要点：

1. 感受胸部肌肉发力和拉伸；
2. 上举的过程中呼气，下放的过程中吸气。

易错纠错：

推起时手臂不要倾斜。

主要锻炼肌肉群 **胸部肌群**

同步锻炼肌肉群 **肱三头肌、三角肌**

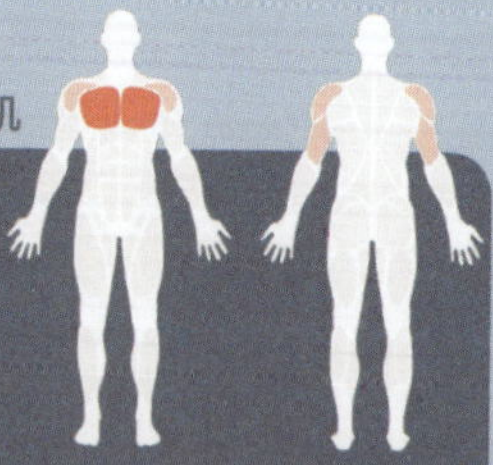

升阶

杠铃胸推

动作过程：

平躺在长凳上，双手握杠铃杆比肩略宽，将杠铃杆托举至胸前两乳头连接线的正上方，然后缓慢放下杠铃，直到轻触胸中部，停留 1 秒，缓速还原。建议每组 10~15 个，每次 3~5 组。

锻炼过程中需要有人在身边辅助时，手放在卧推者的肘部位置，在他推起困难时轻轻助力；在卧推结束阶段帮助卧推者把杠铃放回架子上。

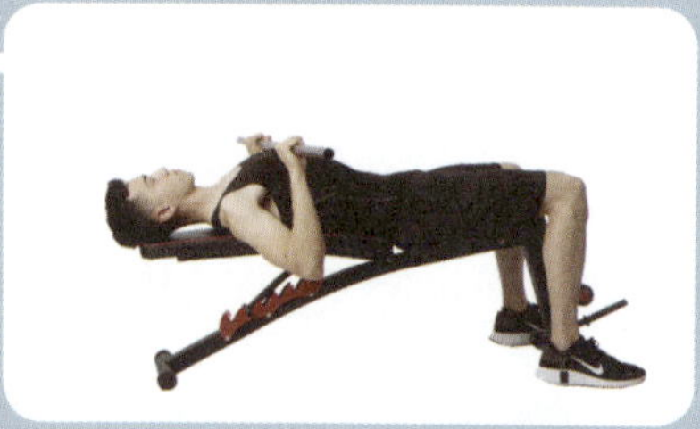

动作要点：

1. 在最高点和最低点时都停留 1 秒；
2. 下降动作花费的时间至少应为举起时间的两倍以上；
3. 举起时呼气，下放时吸气。

易错纠错：

杠铃下落时的触胸点位置不要移动。

标准

③ 哑铃飞鸟

扫码观看视频教程

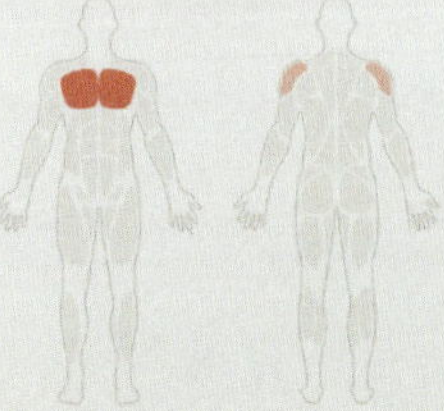

主要锻炼肌肉群
胸部肌群

同步锻炼肌肉群
三角肌

降阶

坐姿弹力带飞鸟

扫码观看视频教程

升阶

窄距俯卧撑

扫码观看视频教程

主要锻炼肌肉群 **胸部肌群**
同步锻炼肌肉群 **三角肌**

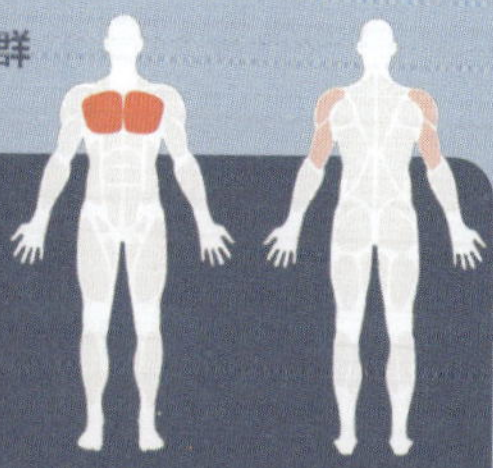

标准

哑铃飞鸟

动作过程：

平躺在健身椅上，挺胸收腹，双脚支撑地面，双手各持一只哑铃，手臂弯曲，将哑铃支撑在胸部两侧，与肩同宽，掌心相对。将哑铃推到胸部上方，手臂微屈，掌心相对。缓慢将手臂向身体两侧打开，随着打开幅度的增大，手肘弯曲程度略微增大。在胸部被拉伸到极限之后，停留 1 秒，缓速还原。建议每组 10~15 个，每次 3~5 组。

动作要点：

1. 手臂打开时，随着打开幅度的增大，手肘弯曲程度略微增大；
2. 打开时吸气，并拢时呼气。

易错纠错：

1. 肘关节不要锁死；
2. 动作过程不要旋转手腕或手臂。

主要锻炼肌肉群 **胸部肌群**
同步锻炼肌肉群 **三角肌**

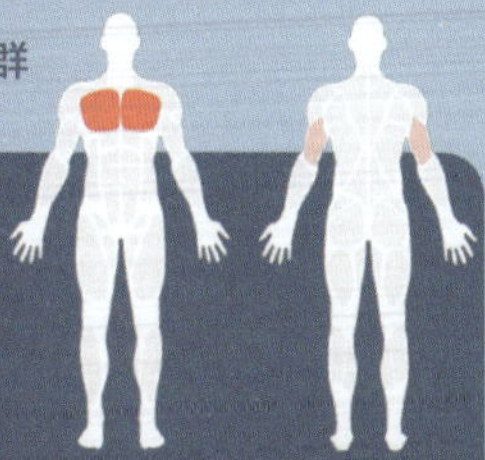

降阶

坐姿弹力带飞鸟

动作过程：

坐在椅子上，弹力带从身后绕过，双手握住两端向前伸直，肘关节微屈；缓慢将手臂向身体两侧打开，随着打开幅度的增大，手肘弯曲程度略微增大。在胸部被拉伸到极限之后，停留 1 秒，缓速还原。建议每组 10 个，每次 3~5 组。

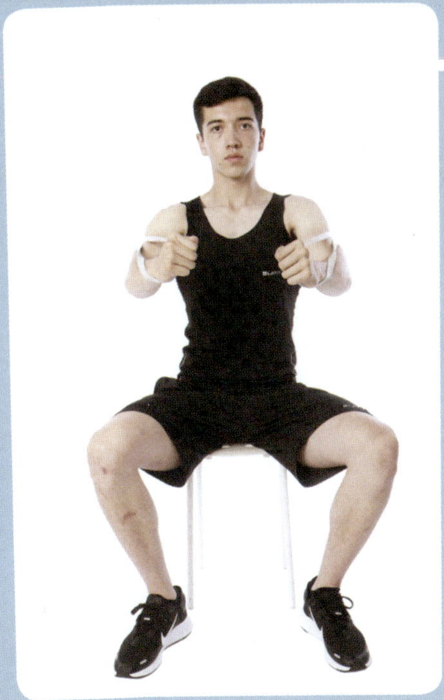

动作要点：

1. 手臂打开时，随着打开幅度的增大，手肘弯曲程度略微增大；
2. 打开时吸气，并拢时呼气。

易错纠错：

肘关节不要锁死。

主要锻炼肌肉群 **胸部肌群**
同步锻炼肌肉群 **三角肌**

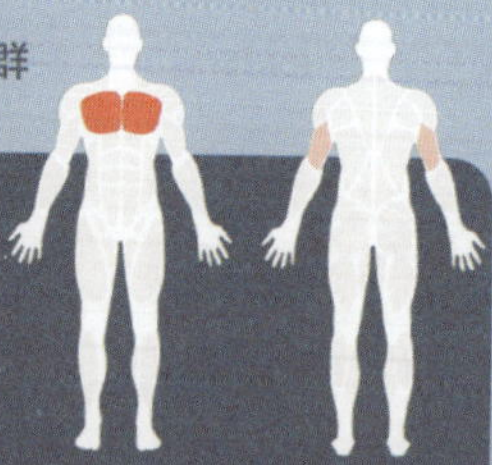

升阶

窄距俯卧撑

动作过程：

双手掌靠拢置于胸前，大拇指相对，双脚并拢，双手双脚四点支撑于地面，从头至脚呈一条直线。双臂伸直。臀部和腹部保持收缩，屈肘使身体缓慢下降，直到胸部几乎和地面接触，然后伸直手臂使身体上升，缓速还原。建议每组 5~10 个，每次 3~5 组。

动作要点：

1. 身体保持在一条直线上；
2. 躯干下沉时吸气，撑起时呼气。

易错纠错：

不要撅屁股或塌腰。

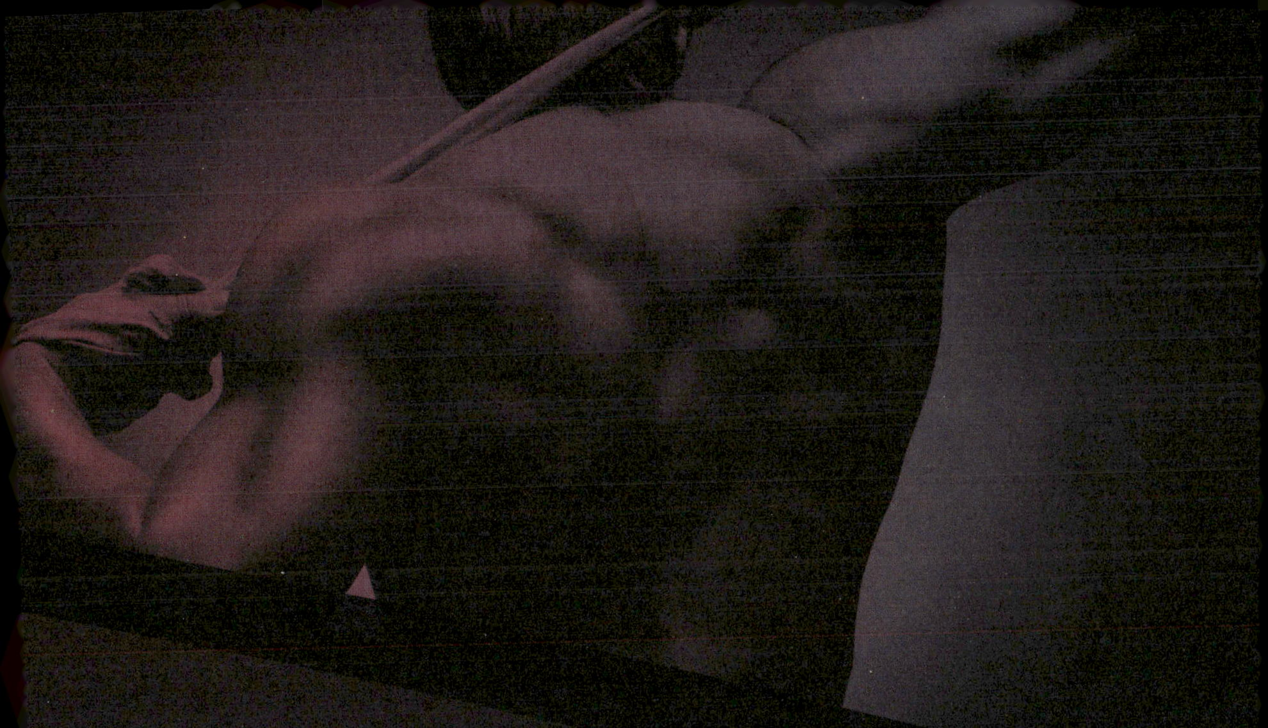

3.

练出肩宽背厚的倒三角身材

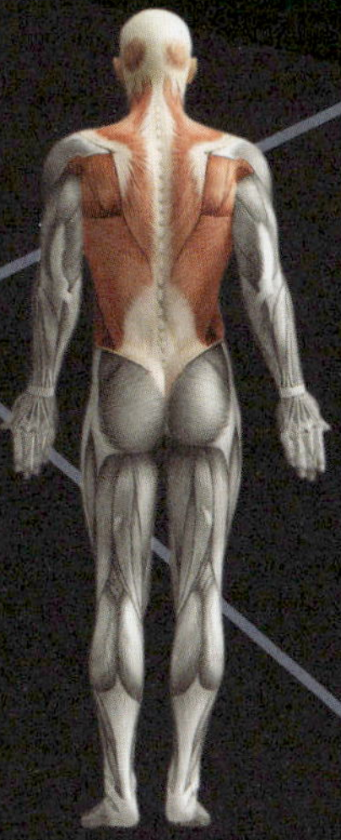

现代男生追求的身材既要肌肉厚实、又要比例匀称，因而肩宽、背厚、腰细的倒三角身材是衡量男生身材好坏的重要标准之一。

肩部肌肉主要有三角肌、冈上肌、冈下肌、大小圆肌以及肩胛下肌；背部肌肉主要以斜方肌和背阔肌等肌群为主。

丘 乐

举重世界冠军丘乐分享几个他常用的简单、高效的肩背部肌群训练动作。

Tips：引体向上是经典的综合训练动作，主要以练习肩背部肌肉为主。因为练习地点多样化、参与肌肉多，是常见的锻炼动作。

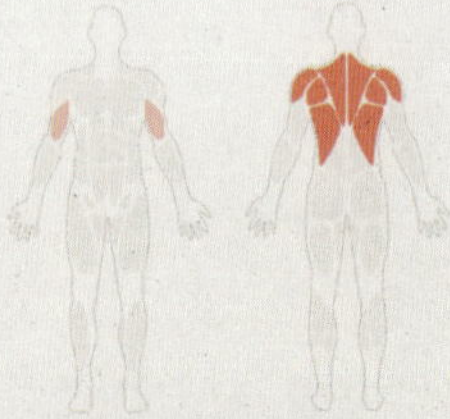

主要锻炼肌肉群
背部肌群

同步锻炼肌肉群
肱二头肌、肩部肌群

① 标准
引体向上

扫码观看视频教程

降阶

弹力带助力引体向上

扫码观看视频教程

升阶

宽握距引体向上

扫码观看视频教程

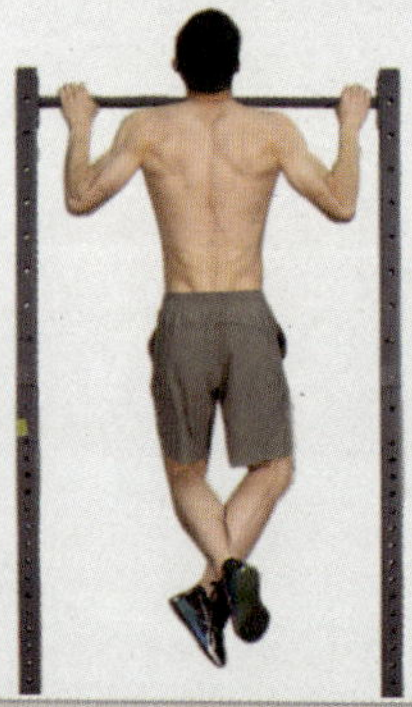

主要锻炼肌肉群 **背部肌群**

同步锻炼肌肉群 **肱二头肌、肩部肌群**

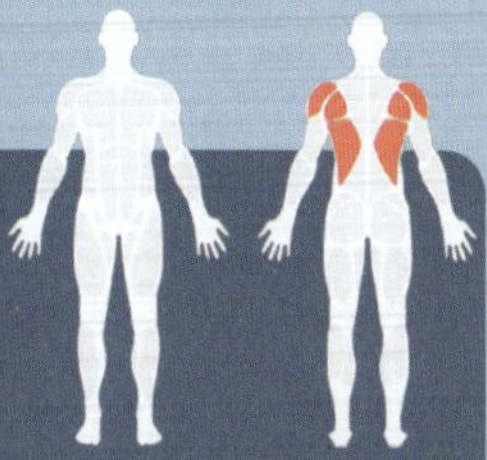

标准

引体向上

动作过程：

双臂伸直，双手正握单杠，身体自然垂直。背部发力，双手向下拉让身体向上，直至上胸碰到单杠，停留 1 秒，缓速还原，让手臂伸直，背阔肌完全伸展。锻炼初期可不追求次数，以动作正确完成为目标；待肩背部肌肉加强，可适当增加个数，直至每组完成 8~15 个为宜。

动作要点：

1. 发力时身体在躯干保持挺直的情况下微微向后倾斜；
2. 拉起至上胸碰到单杠；
3. 拉起时呼气，身体下落时吸气。

易错纠错：

1. 身体不要晃动；
2. 双手发力需保持均衡，避免身体偏向一侧。

主要锻炼肌肉群 **背部肌群**
同步锻炼肌肉群 **肱二头肌、肩部肌群**

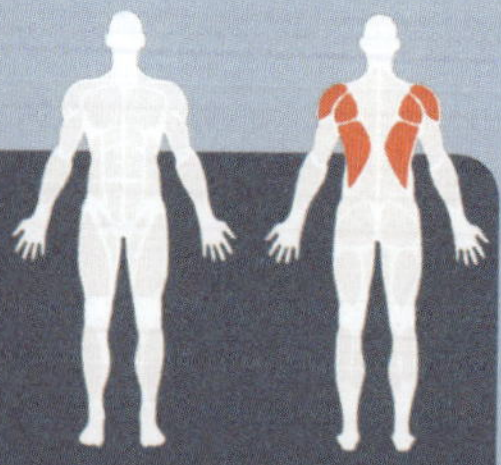

降阶

弹力带助力引体向上

动作过程：

将弹力带绑在单杠上，单腿膝盖放在弹力带上，双臂伸直，双手正握单杠，身体自然垂直。背部发力，双手向下拉让身体向上，直至上胸碰到单杠。停留 1 秒，缓速还原，让手臂伸直，背阔肌完全伸展。锻炼初期可不追求次数，以动作正确完成为目标；待肩背部肌肉加强，可适当增加个数，直至每组完成 8~15 个为宜。

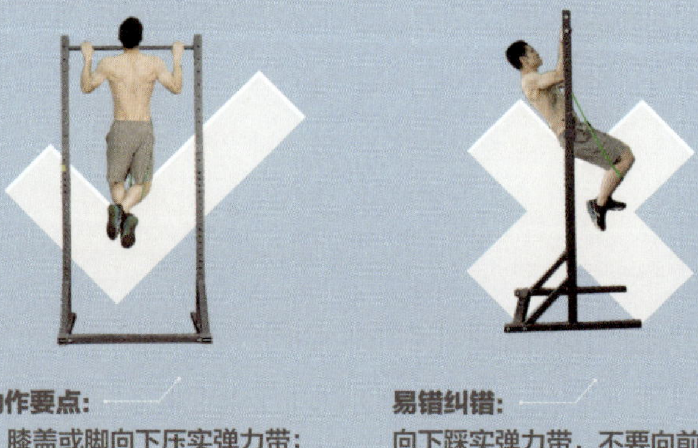

动作要点：

1. 膝盖或脚向下压实弹力带；
2. 保持匀速上升或下降。

易错纠错：

向下踩实弹力带，不要向前发力。

主要锻炼肌肉群 **背部肌群**
同步锻炼肌肉群 **肱二头肌、肩部肌群**

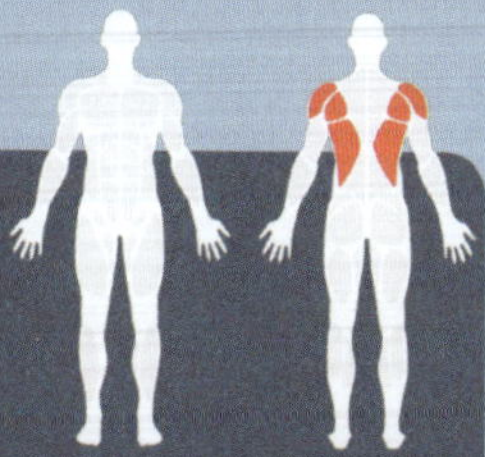

升阶 宽握距引体向上

动作过程:

双手距离宽于肩膀，双臂伸直握紧单杠，双手正握单杠，身体自然垂直。背部发力，双手向下拉动让身体向上，直至上胸碰到单杠。身体保持稳定 1 秒，缓速还原，让手臂伸直，背阔肌完全伸展。锻炼初期可不追求次数，以动作正确完成为目标；待肩背部肌肉加强，可适当增加个数，直至每组完成 8~15 个为宜。

动作要点:

双手距离越宽，训练难度越大，选择合适的握距。

易错纠错:

1. 身体不要晃动；
2. 双手发力保持均衡，避免身体偏向一侧。

② 划船机

划船机是一种模拟划船运动的器材，它能够使全身90% 的肌肉得到锻炼，减脂效果很好，备受资深健身人士的欢迎。

扫码观看视频教程

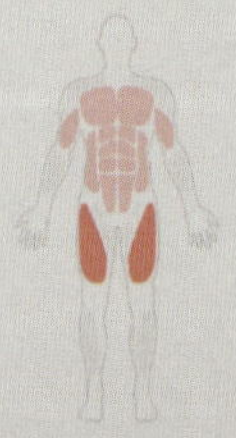

主要锻炼肌肉群
肩背部和腿部肌群

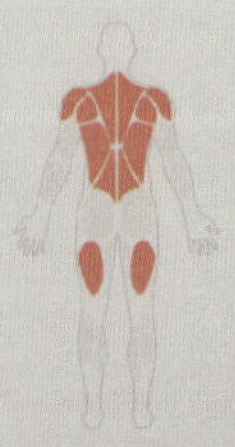

同步锻炼肌肉群
上肢、胸部、腰部等

如果觉得划船机的动作太难或过于轻松，可以通过调节划船机阻力的方法达到更好的锻炼效果。

主要锻炼肌肉群 **肩背部和腿部肌群**
同步锻炼肌肉群 **上肢、胸部、腰部等**

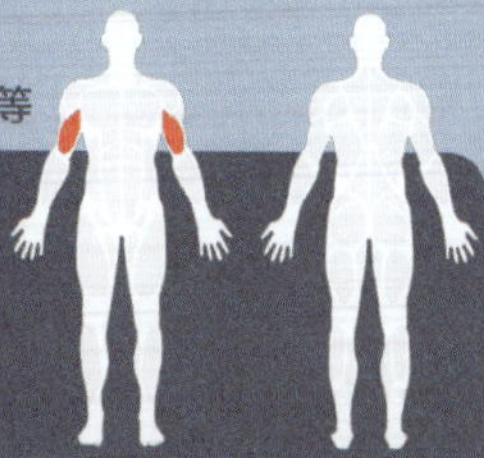

划船机

动作过程：

肩部放松，手臂伸直，背部挺直，屈膝使小腿与滑轨成垂直状态。双腿发力蹬脚踏板，同时手臂将握把拉至肋骨下方，腿完全伸直。随后，身体完成前倾且手臂呈放松伸直状态时，再缓缓屈膝，直至恢复起始姿势。建议每次至少坚持 20 分钟。

如果觉得划船机的训练太吃力或过于轻松，可以通过调节划船机阻力的方法达到更好的锻炼效果。

动作要点：

1. 腰背全程保持挺直；
2. 保持匀速，避免利用身体惯性。

易错纠错：

1. 不要弯腰弓背；
2. 不要让握把高于胸部或过于贴近大腿。

③ 标准

哑铃前平举

扫码观看视频教程

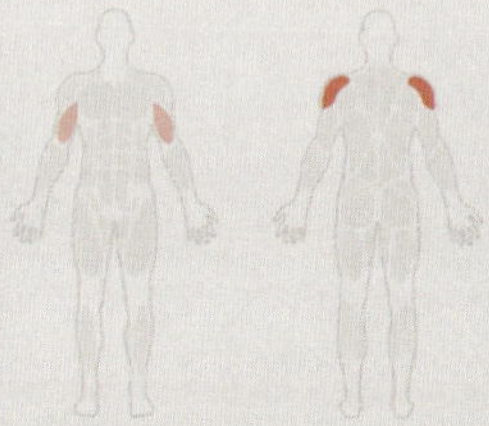

主要锻炼肌肉群
三角肌

同步锻炼肌肉群
肱二头肌

降阶

弹力带前平举

扫码观看视频教程

升阶

杠铃前平举

扫码观看视频教程

主要锻炼肌肉群 **三角肌**
同步锻炼肌肉群 **肱二头肌**

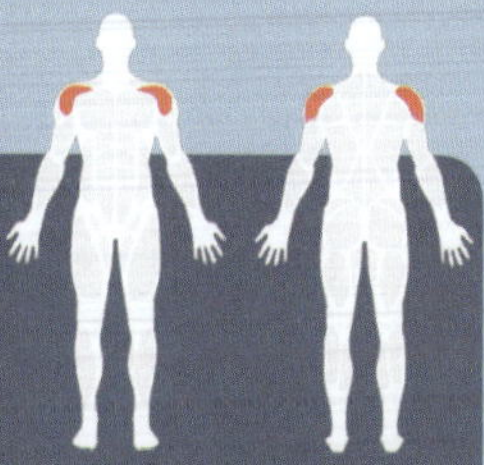

标准

哑铃前平举

动作过程:

双手持哑铃，置于体前，膝盖微屈，身体微微前倾。收缩三角肌使大臂抬起，肘关节始终保持微屈，直到大臂与地面平行或略高，停留 1 秒，缓速还原。建议每组 15 个，每次 3 组。

动作要点:

1. 肘关节、膝关节保持微屈；
2. 举起时呼气，下放时吸气。

易错纠错:

1. 不要顶髋；
2. 身体不要后仰。

主要锻炼肌肉群 **三角肌**
同步锻炼肌肉群 **肱二头肌**

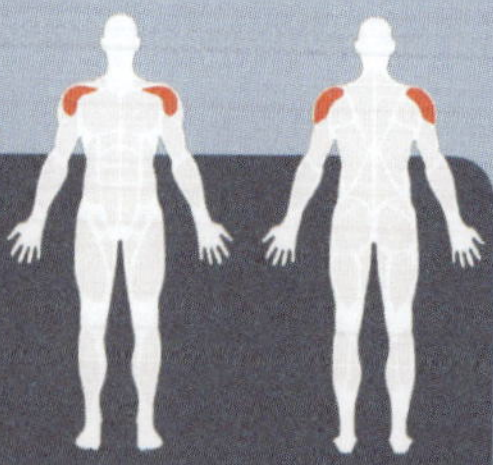

降阶

弹力带前平举

动作过程：

双脚踩实弹力带，手握两端，根据自己的能力调整好弹力带的距离。收缩三角肌使大臂抬起，直到大臂与地面平行或略高，肘关节始终保持微屈，停留 1 秒，缓速还原。建议每组 8 个，每次 3~5 组。

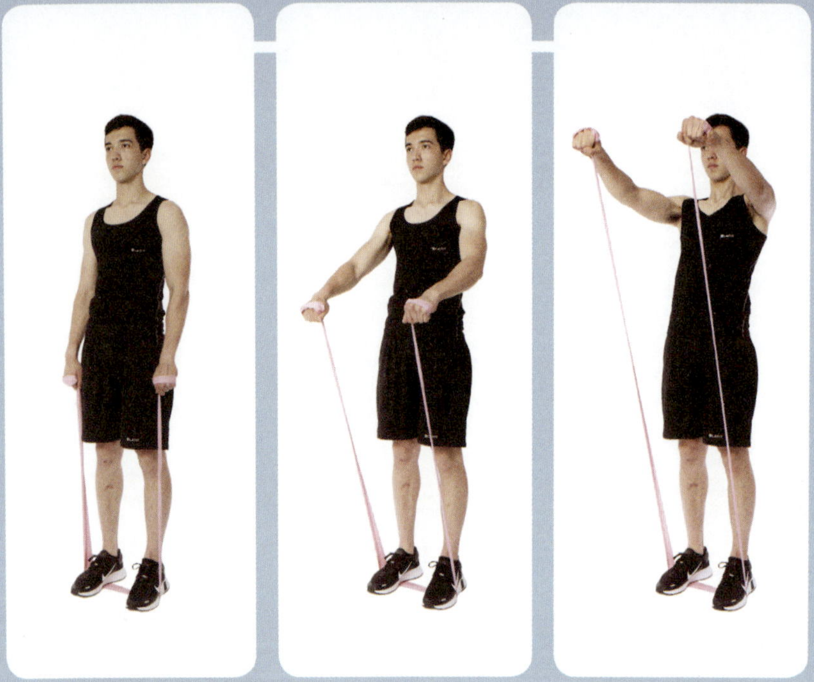

动作要点：

1. 肘关节、膝关节保持微屈；
2. 上拉时呼气，还原时吸气。

易错纠错：

1. 不要顶髋；
2. 身体不要后仰。

主要锻炼肌肉群 **三角肌**
同步锻炼肌肉群 **肱二头肌**

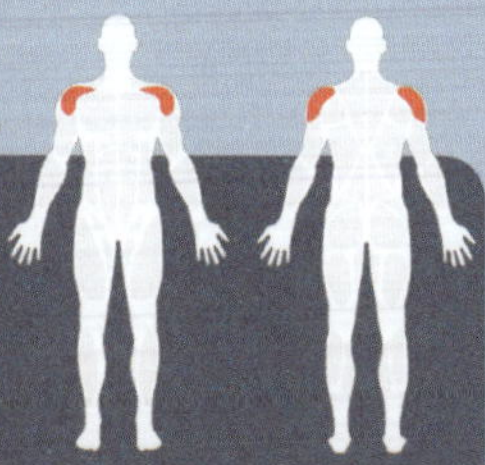

升阶

杠铃前平举

动作过程：

自然站立，双手掌心向下握住杠铃，挺胸抬头，目视前方。肩部发力，将杠铃举至正前方，保持手臂伸直继续向上推举，直到杠铃微微提过肩膀，停留 1 秒，缓速还原。建议每组 8~12 个，每次 3~5 组。

动作要点：

1. 杠铃举起高度一定要超过肩膀；
2. 举起时呼气，下放时吸气。

易错纠错：

1. 身体不要后仰；
2. 肘关节不要锁死。

④

标准

哑铃侧平举

扫码观看视频教程

主要锻炼肌肉群
三角肌

同步锻炼肌肉群
肱三头肌

降阶

弹力带推举

扫码观看视频教程

升阶

哑铃推举

扫码观看视频教程

主要锻炼肌肉群 **三角肌**
同步锻炼肌肉群 **肱三头肌**

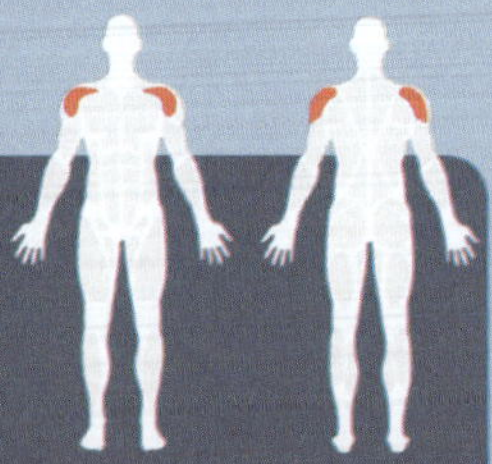

标准

哑铃侧平举

动作过程：

双手各持一只哑铃置于身体两侧，膝盖微屈，身体微微前倾。肩部发力使大臂向两侧抬起，直到大臂与地面平行，肘关节始终保持微屈，停留 1 秒，缓速还原。建议每组 10~12 个，每次 3~5 组。

动作要点：

1. 肘关节、膝关节保持微屈；
2. 举起时呼气，下放时吸气。

易错纠错：

1. 不要顶髋；
2. 哑铃抬起高度不要过高或过低。

主要锻炼肌肉群 **三角肌**
同步锻炼肌肉群 **肱三头肌**

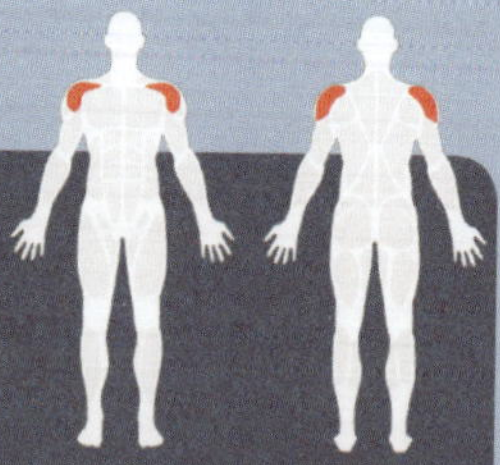

降阶

弹力带推举

动作过程：

双脚踩实弹力带，手握两端，根据自己的能力调整好弹力带的距离；双肘呈 90°、保持小臂垂直地面，掌心向前握紧弹力带，肩部发力把大臂向上举到与地面垂直位置，停留 1 秒，缓速还原。建议每组 8~12 个，每次 3~5 组。

动作要点：

1. 手臂举至大臂与地面垂直或者接近垂直的位置；
2. 上拉时呼气，还原时吸气。

易错纠错：

1. 手臂不要向前或向后发力；
2. 掌心不要向上。

主要锻炼肌肉群 **三角肌**
同步锻炼肌肉群 **肱三头肌**

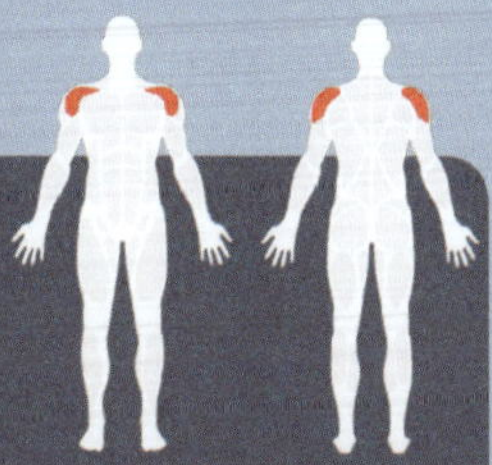

升阶

哑铃推举

动作过程：

双脚与肩同宽，双手各持一只哑铃缓慢向上提起，至大臂与地面平行，双肘呈 90°，掌心向前，肘部向外。肩部发力，慢慢将哑铃向上推起，直至手臂自然伸直，停留 1 秒，缓速还原。建议每组 8~10 个，每次 3~5 组。

动作要点：

1. 掌心向前，肘部向外；
2. 举起时呼气，下放时吸气。

易错纠错：

1. 手臂垂直向上发力，避免前后晃动；
2. 两手发力均匀，避免一高一低。

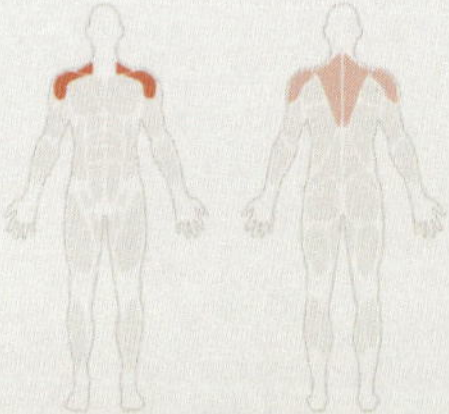

主要锻炼肌肉群
三角肌

同步锻炼肌肉群
上背部肌群

5

标准

哑铃俯身飞鸟

扫码观看视频教程

降阶

弹力带俯身飞鸟

扫码观看视频教程

升阶

哑铃俯身划船

扫码观看视频教程

主要锻炼肌肉群 **三角肌**
同步锻炼肌肉群 **上背部肌群**

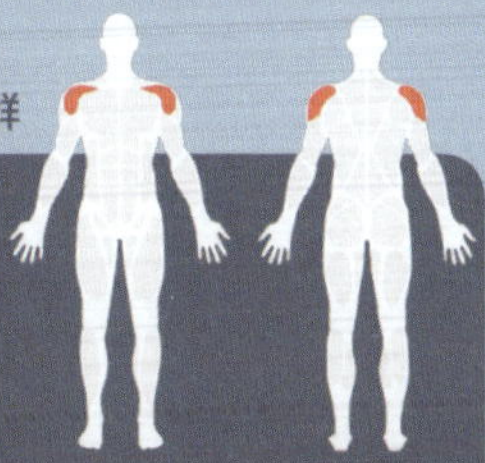

标准

哑铃俯身飞鸟

动作过程：

双脚与肩同宽，双手各持一只哑铃，上半身前倾约 45°，两腿微屈；肘部微屈，肩部发力，双手持哑铃向两侧举起，直至上臂与背部平行或略超过，停留 1 秒，缓速还原。建议每组 8~10 个，每次 3~5 组。

动作要点：

1. 提起和外张时用两个手肘来起动；
2. 随着肩肘的动势，向两侧挥腕做大幅度举起；
3. 举起时吸气，下放时呼气。

易错纠错：

不要利用摆臂的惯性完成动作。

主要锻炼肌肉群 **三角肌**
同步锻炼肌肉群 **上背部肌群**

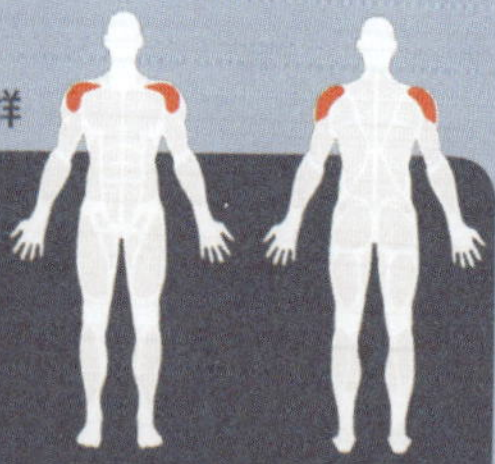

降阶 弹力带俯身飞鸟

动作过程：

双脚踩实弹力带，手握两端，根据自己的能力调整好弹力带的距离；上半身前倾约 45°，膝关节、肘关节保持微屈，肩部发力，双手持弹力带向两侧举起，直至上臂与背部平行或略超过，停留 1 秒，缓速还原。建议每组 12~15 个，每次 3~5 组。

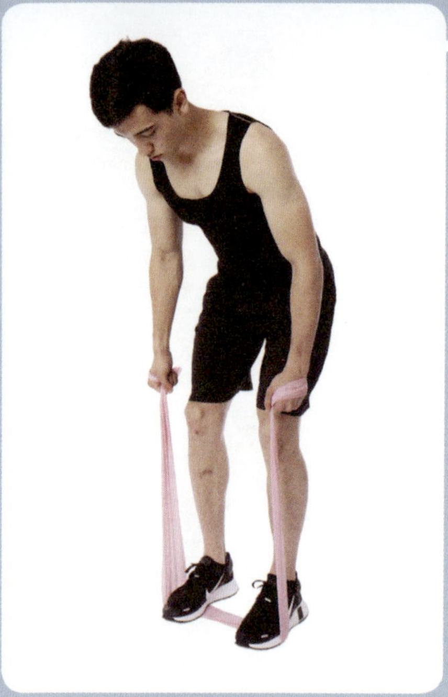

动作要点：

1. 肘关节、膝关节不要锁死；
2. 上拉时吸气，还原时呼气。

易错纠错：

不要利用摆臂的惯性完成动作。

主要锻炼肌肉群 **三角肌**
同步锻炼肌肉群 **上背部肌群**

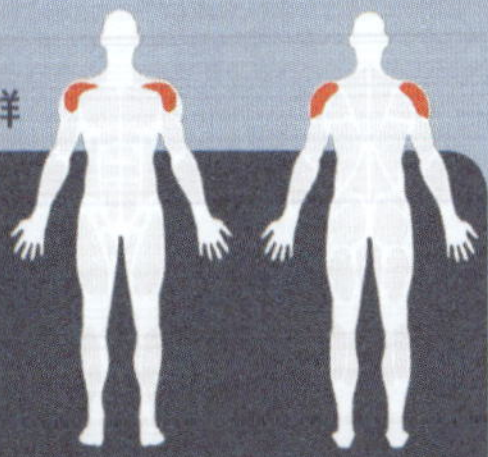

升阶

哑铃俯身划船

动作过程：

双手各持一只哑铃，膝盖微屈，臀部向后，上身前倾约45°并保持腰背挺直；双臂自然下垂，掌心相对，肩胛收缩，肘部贴紧身体，将哑铃快速上提至身体两侧，停留1秒，缓速还原。建议每组12~15个，每次3~5组。

动作要点：

1. 肩胛收缩，肘部贴紧身体；
2. 拉起哑铃时呼气，还原时吸气。

易错纠错：

1. 肘关节打开角度不要过大；
2. 不要弯腰弓背。

4.

这么练你也可以拥有六块腹肌

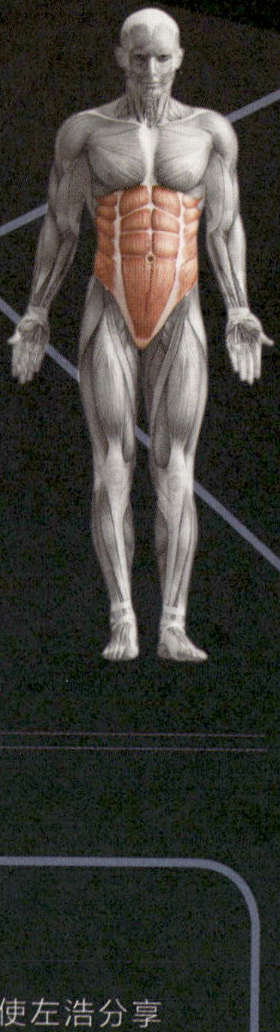

拥有清晰的腹肌是一个男人有较强的自我管理控制能力的表现之一，也能体现出个人是否具有顽强坚持的意志品质。

腹部肌群主要包含腹直肌、腹横肌以及腹斜肌，要塑造漂亮的腹肌，既要注意科学的训练方法，又要注意适当的休息恢复，腹肌才能高效生长。

左 浩

Crossfit 中国推广大使左浩分享几个他喜欢且高效的腹部肌群训练动作。

Tips：仰卧起坐是经典的腰腹练习动作，但并没有我们想象的那么简单，要想达到良好的锻炼效果需要掌握好动作细节。

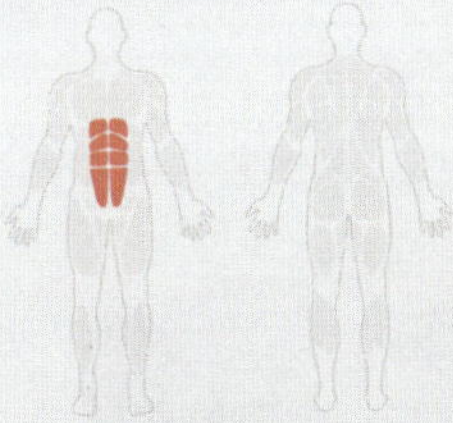

主要锻炼肌肉群
腹部肌群

标准

① 仰卧起坐

扫码观看视频教程

降阶

卷腹

扫码观看视频教程

升阶

负重卷腹

扫码观看视频教程

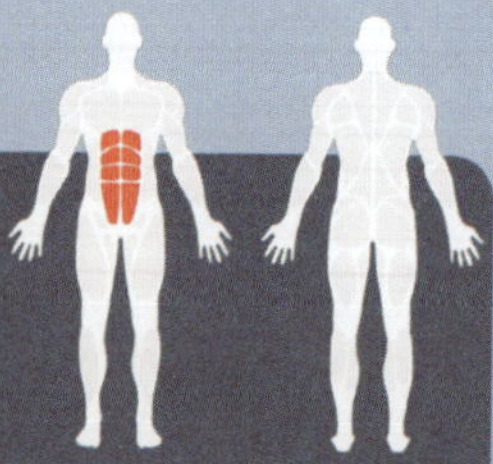

标准

仰卧起坐

动作过程：

仰卧在瑜伽垫上，双腿屈膝全脚掌踩地，上半身贴地，双手放于耳朵两侧；腹部发力带动上半身向上运动，直至上身和大腿呈 V 字形，停留 1 秒，缓速还原。建议每组 30~50 个，每次 3~5 组。

动作要点：

1. 身体不要过度折叠；
2. 起身时呼气，还原时吸气。

易错纠错：

1. 双手不要抱头；
2. 避免颈部发力；
3. 不要利用身体的惯性。

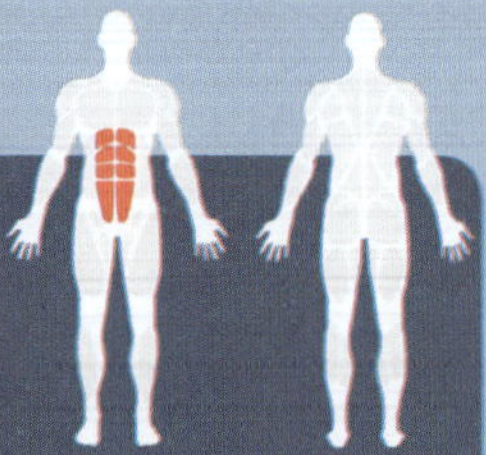

降阶

卷腹

动作过程：

仰卧在瑜伽垫上，双腿屈膝，全脚掌踩地，上半身贴地，双手置于大腿前侧。腹部发力卷起上半身，双手触摸膝盖，下背部不要离地，停留1秒，缓速还原。建议每组30~50个，每次3~5组。

动作要点：

1. 下背部不要离开地面；
2. 起身时呼气，还原时吸气。

易错纠错：

1. 双手不要抱头；
2. 避免颈部发力。

| 主要锻炼肌肉群 **腹部肌群**

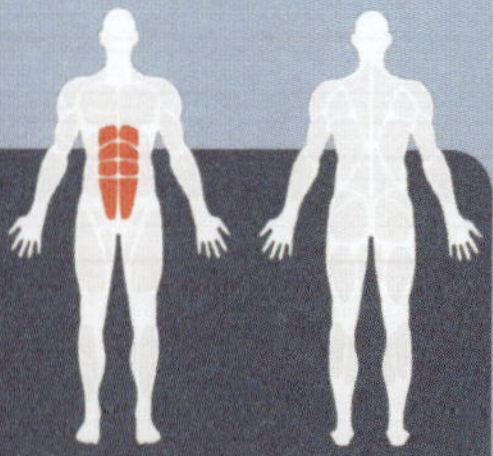

升阶

负重卷腹

动作过程：

仰卧在瑜伽垫上，双腿屈膝，脚掌踩地，上半身贴地，双手持哑铃置于身体前侧。腹部发力卷起上半身，双手同时向上举起哑铃。卷起时下背部不要离开地面，在顶点停留1秒，缓速还原。建议每组20~30个，每次3~5组。

动作要点：

1. 下背部不要离开地面；
2. 起身时呼气，还原时吸气。

易错纠错：

1. 不要颈部发力；
2. 卷腹时手臂不要倾斜。

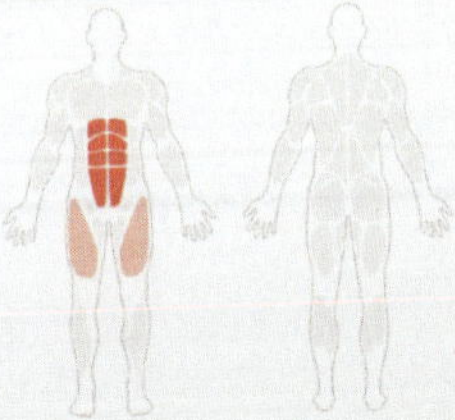

主要锻炼肌肉群
腹部肌群

标准

② 仰卧举腿

扫码观看视频教程

降阶

悬垂提膝

扫码观看视频教程

升阶

悬垂举腿

扫码观看视频教程

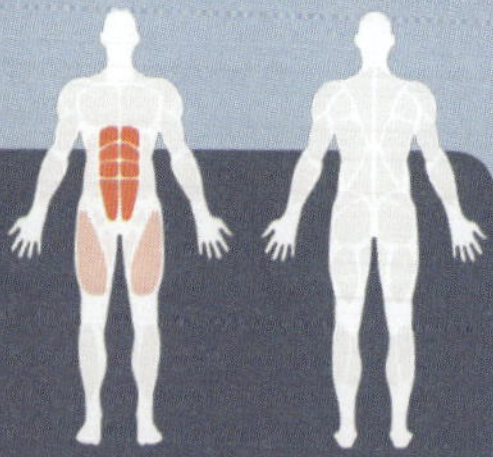

标准

仰卧举腿

动作过程：

仰卧在瑜伽垫上，双腿屈膝置于胸前，上背部贴地，双手自然放于身体两侧；用腹部力量带动臀腿向上运动，直至腿部伸直垂直于地面；在顶端停留 1 秒，缓速还原。建议每组 8~10 个，每次 3~5 组。

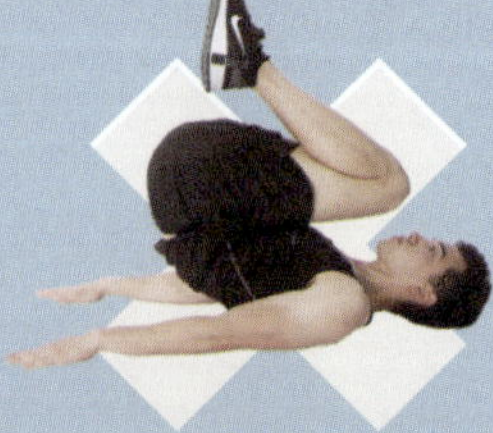

动作要点：

1. 腹部持续紧张；
2. 臀部离开地面；
3. 双脚并拢；
4. 起身时呼气，还原时吸气。

易错纠错：

1. 背部不要离开地面太多，身体不要过度折叠；
2. 不要利用身体惯性。

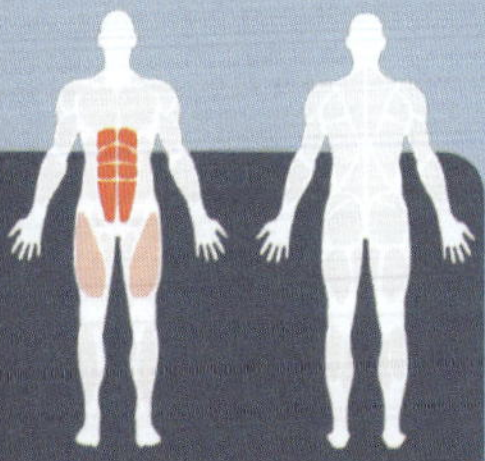

降阶

悬垂提膝

动作过程：

掌心向前正握单杠，身体自然悬垂，两腿并拢屈膝。腹部发力，屈膝抬腿，使大腿靠近胸腹。到达最高点时，停留 1 秒，缓速还原。建议每组 8 个，每次 3 组。

动作要点：

1. 腹部发力，大腿尽量贴近胸腹；
2. 抬腿时呼气，放下时吸气。

易错纠错：

避免身体晃动。

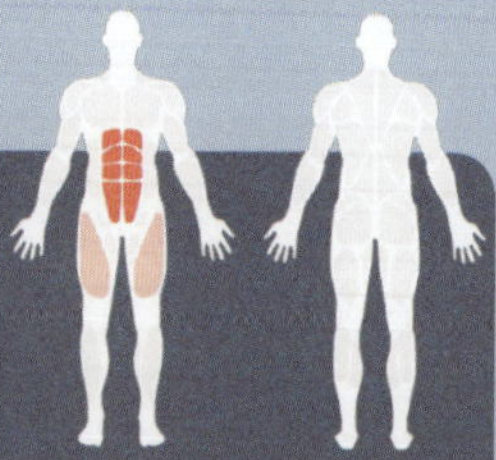

升阶

悬垂举腿

动作过程：

掌心向前正握单杠，身体自然悬垂，两腿并拢伸直。腹部发力，带动双脚向上抬起至腿部与地面平行或更高，膝关节微屈，停留 1 秒，缓速还原。建议每组 8 个，每次 3 组。

动作要点：

1. 腹部发力抬起双腿；
2. 抬腿时呼气，放下时吸气。

易错纠错：

1. 不要利用身体的惯性；
2. 膝关节不要锁死。

3 标准

跪姿健腹轮

扫码观看视频教程

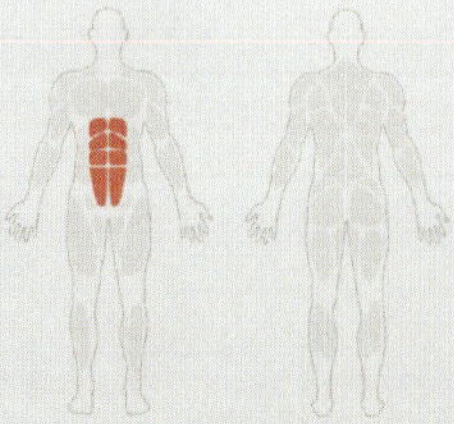

主要锻炼肌肉群
腹部肌群

降阶

坐姿健腹轮

扫码观看视频教程

升阶

站姿健腹轮

扫码观看视频教程

| 主要锻炼肌肉群 **腹部肌群**

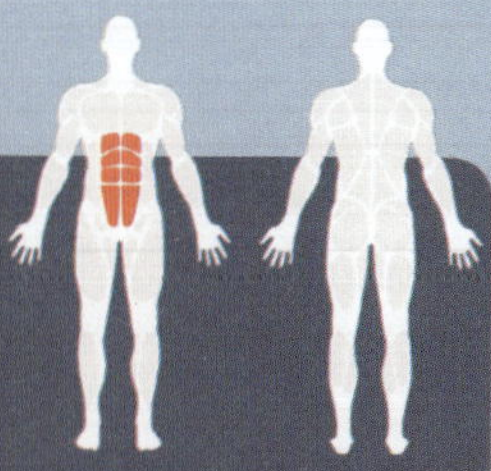

标准

跪姿健腹轮

动作过程：

双膝跪地，双手握住健腹轮把手，背部挺直，腹部发力，慢慢将健腹轮向前推至身体与地面平行，停留 1 秒，缓速还原。建议每组 5~10 个，每次 3~5 组。

动作要点：

1. 尽力把健腹轮向前推至力所能及的最远端，尽量使身体与地面平行，但不要趴在地上；
2. 推远时吸气，还原时呼气。

易错纠错：

1. 避免依靠惯性向前；
2. 不要只向前推手臂或过度顶髋。

主要锻炼肌肉群 **腹部肌群**

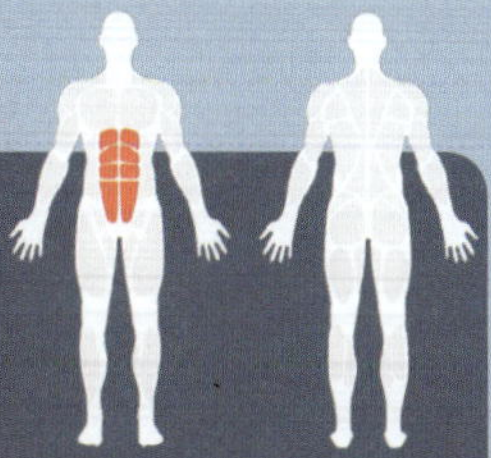

降阶

坐姿健腹轮

动作过程：

坐在垫子上，两脚张开呈 V 字形，俯身双手抓住健腹轮的把手，腹部发力，将健腹轮向前推至力所能及的最远点，停留 1 秒，缓速还原。建议每组 8~10 个，每次 3~5 组。

动作要点：

注意感受腹部发力，缓慢向前推健腹轮。

易错纠错：

不要依靠惯性向前。

| 主要锻炼肌肉群 **腹部肌群**

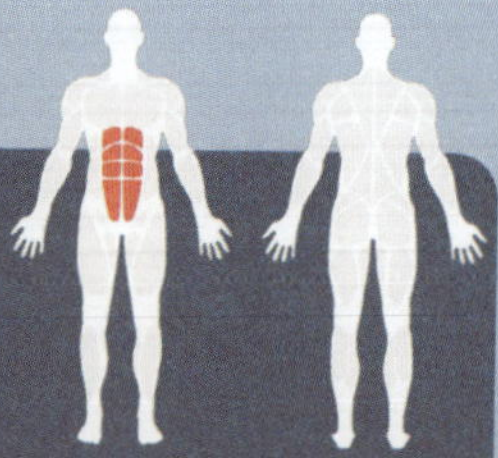

升阶

站姿健腹轮

动作过程：

身体直立，双脚间距与肩同宽，俯身双手握住健腹轮把手。慢慢向前推动健腹轮至身体平行于地面，停留 1 秒，缓速还原。建议每组 5~10 个，每次 3~5 组。

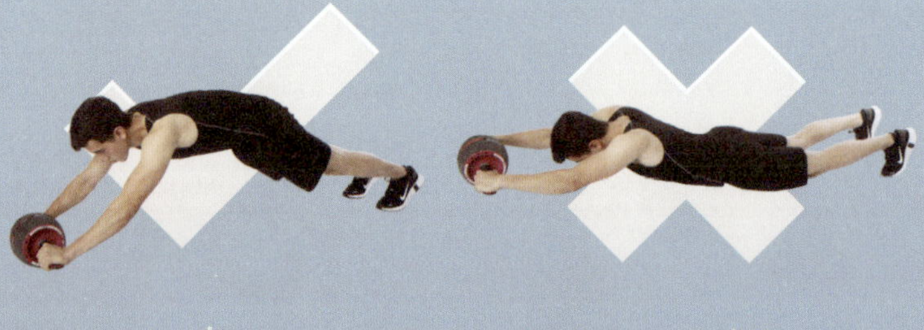

动作要点：

此动作难度很大，在自身能力不足时不要轻易尝试。

易错纠错：

1. 动作全程保持姿态稳定，不要依靠惯性向前；
2. 身体平行于地面但不要贴地。

5.

高效臀腿训练
让下肢力量爆棚

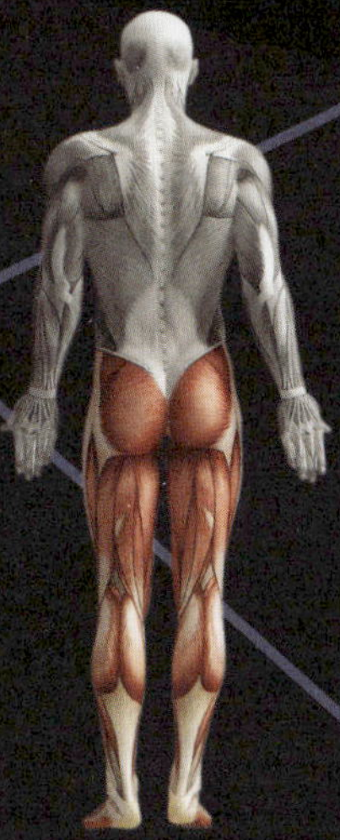

臀部是身体机能的发动机，臀腿锻炼不仅可以改善形体，对于我们人体的日常活动和运动都至关重要。

臀部主要肌肉群包括臀大肌、臀中肌和臀小肌。腿部肌肉主要包括股四头肌、股二头肌和小腿后侧肌群。

汤米 · 林赛

全球最年轻的斯巴达挑战赛四星教官汤米 · 林赛分享几个他最喜欢练的臀腿部肌群训练动作。

Tips：深蹲是一个复合动作，它可以使全身的许多肌肉参与其中。

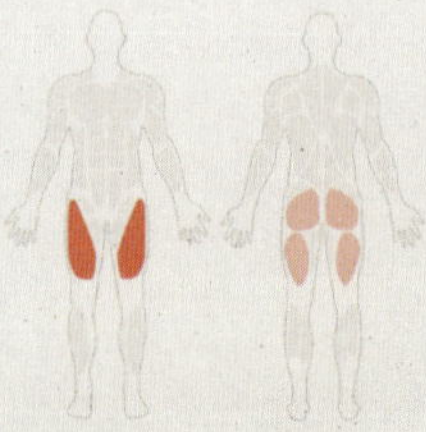

主要锻炼肌肉群
股四头肌

同步锻炼肌肉群
下背部、腘绳肌、小腿肌群、臀部肌群等

标准

① 哑铃深蹲

扫码观看视频教程

降阶

徒手深蹲

扫码观看视频教程

升阶

杠铃颈后深蹲

扫码观看视频教程

主要锻炼肌肉群 **股四头肌**

同步锻炼肌肉群 **下背部 、腘绳肌 、小腿肌群 、臀部肌群等**

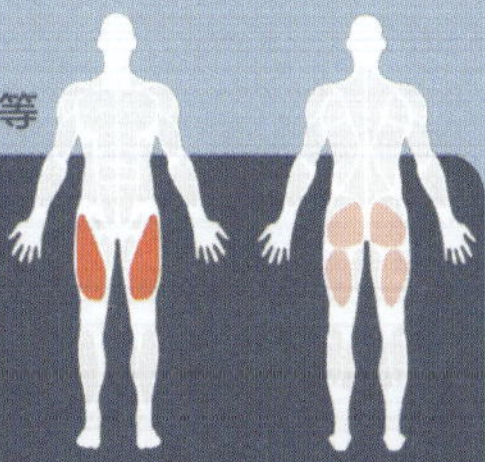

标准 哑铃深蹲

动作过程：

双手各持一只哑铃，挺胸收腹，目视前方。双臂在身体两侧自然下垂，掌心内扣呈八字；双脚开立，与肩同宽，双膝弯曲，臀部向后，身体缓慢下蹲，保持上身平直，直到大腿与地面平行，停留 1 秒，然后腿部发力，起身回到起始位置。建议每组 8~10 个，每次 3~5 组。

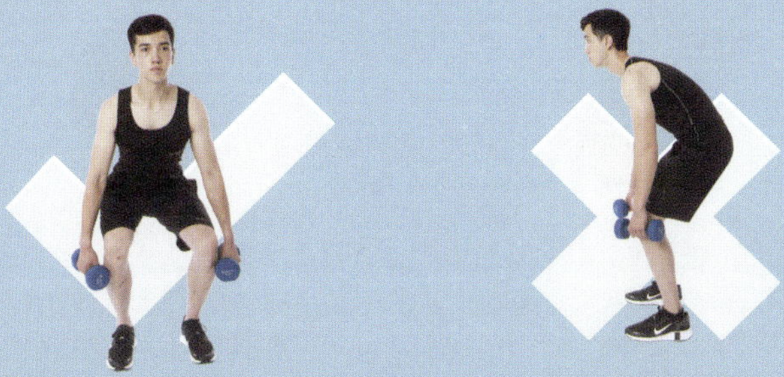

动作要点：

1. 双手各持一只哑铃呈八字状态；
2. 下蹲时吸气，起身时呼气。

易错纠错：

1. 不要弯腰或弓背；
2. 膝盖不要超过脚尖。

主要锻炼肌肉群 **股四头肌**
同步锻炼肌肉群 **下背部 、腘绳肌 、小腿肌群 、臀部肌群等**

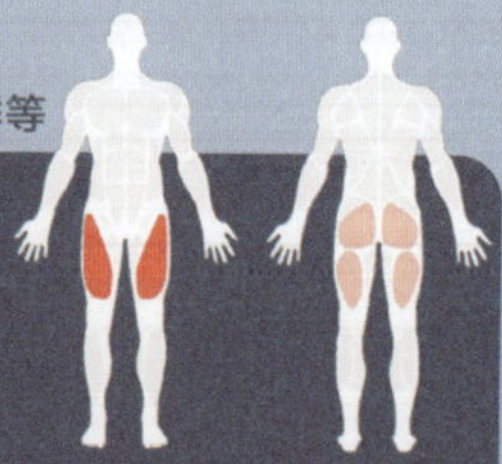

降阶 徒手深蹲

动作过程：

自然站立，双脚与肩同宽，双膝微屈，挺胸抬头，眼睛平视前方，双臂向前伸直平行于地面；向前倾斜上半身，臀部向后坐直至大腿与地面平行，保持 1 秒，缓速还原。建议每组 10 个，每次 3~5 组。

动作要点：

1. 膝关节和脚尖方向保持一致，避免内扣或外扩；
2. 下蹲速度要慢，起身速度要快；
3. 下降时呼气，起身时吸气。

易错纠错：

1. 不要弓背；
2. 下蹲时膝关节不要超过脚尖。

主要锻炼肌肉群 **股四头肌**
同步锻炼肌肉群 **下背部、腘绳肌、小腿肌群、臀部肌群等**

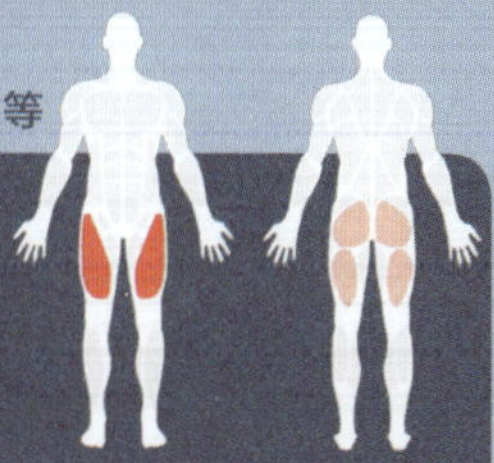

升阶

杠铃颈后深蹲

动作过程：

将杠铃置于颈后，胸部挺起，头部朝向正前方；两脚开立，与髋同宽，双脚指向外侧，弯曲双膝下蹲，臀部向后坐，至大腿与地面平行，停留1秒，起身向上发力，缓速还原。建议每组6~8个，每次3~5组。

动作要点：

1. 确保双膝与双脚尖朝同一方向；
2. 杠铃的运动轨迹呈一条直线垂直于地面；
3. 深呼吸后，收紧腹部，屏住呼吸再深蹲。

易错纠错：

1. 膝盖不要内扣；
2. 不要低头。

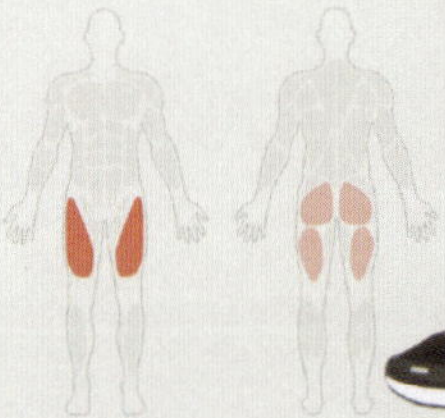

主要锻炼肌肉群

股四头肌

同步锻炼肌肉群

臀大肌

②

标准

箭步蹲

扫码观看视频教程

降阶

臀桥

扫码观看视频教程

升阶

哑铃箭步蹲

扫码观看视频教程

主要锻炼肌肉群 **股四头肌**
同步锻炼肌肉群 **臀大肌**

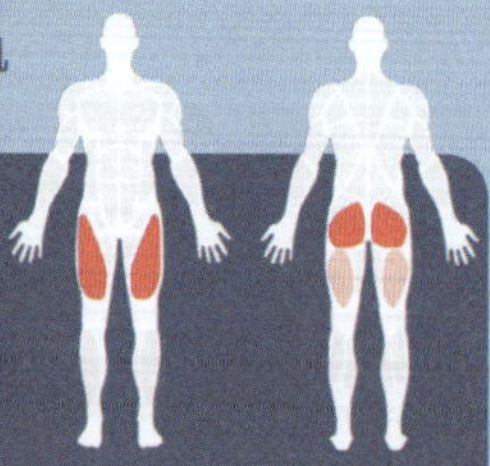

标准

箭步蹲

动作过程：

抬头挺胸，腰背挺直，右脚向前迈出一大步并下压至膝盖呈 90°；臀部垂直下坐，左腿膝盖同样呈 90°，轻触地面。随后两脚同时用力，重心垂直向上跳起，换腿重复以上动作。左右腿交替完成为 1 个。建议每组 8~10 个，每次 3~5 组。

动作要点：

1. 步幅不要过大或过小；
2. 两腿膝盖尽量呈 90°。

易错纠错：

1. 迈出腿的膝盖不要超过脚尖，蹬地腿膝盖轻触地面但不要借力；
2. 起立时身体不要前倾。

主要锻炼肌肉群 **股四头肌**
同步锻炼肌肉群 **臀大肌**

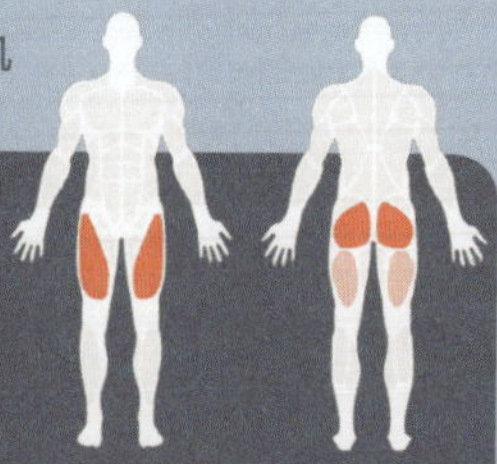

降阶

臀桥

动作过程:

上身平躺在瑜伽垫上，屈膝，脚跟向臀部靠近，脚掌踩实。臀大肌发力，将臀部和下背部抬离地面，直到躯干与大腿在同一条直线上，停留 1 秒。建议每组 10~15 个，每次 3~5 组。

动作要点:

1. 抬起时，躯干与大腿保持在同一条直线上；
2. 脚掌踩实地面。

易错纠错:

1. 不要出现顶腰的动作；
2. 膝盖和脚尖的方向需要保持一致。

主要锻炼肌肉群 **股四头肌**
同步锻炼肌肉群 **臀大肌**

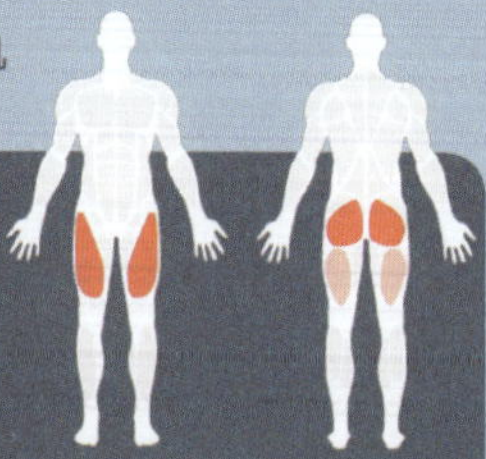

升阶

哑铃箭步蹲

动作过程：

双手持哑铃置于身体两侧，挺胸收腹，腰背挺直，向前跨出一步并下蹲，两腿膝盖均呈 90°，臀部发力还原站姿，换另一侧腿完成同样动作；左右腿交替为一个。建议每组 8~10 个，每次 3~5 组。

动作要点：

1. 迈出腿的膝盖尽量不要超过脚尖，蹬地腿的膝盖轻触地面但不要借力。
2. 两腿膝盖均呈 90°。

易错纠错：

1. 步幅不要过大或过小；
2. 起立时身体不要前倾。

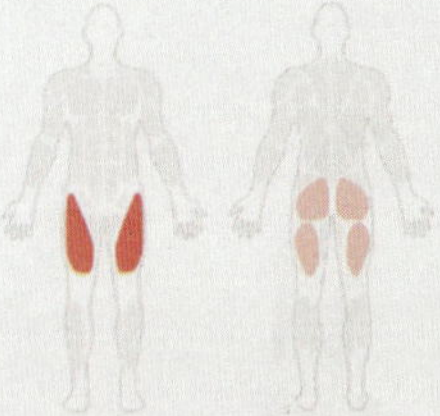

主要锻炼肌肉群
腘绳肌

同步锻炼肌肉群
臀大肌

③ 标准
哑铃直腿硬拉

扫码观看视频教程

降阶
弹力带直腿硬拉

扫码观看视频教程

升阶
杠铃直腿硬拉

扫码观看视频教程

主要锻炼肌肉群 **腘绳肌**
同步锻炼肌肉群 **臀大肌**

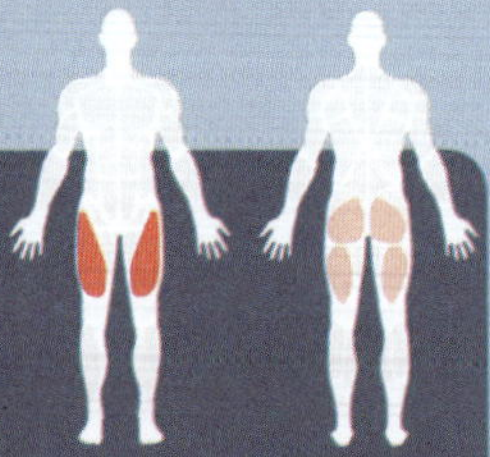

标准

哑铃直腿硬拉

动作过程：

两脚开立，比肩稍窄，双手握住哑铃置于身体两侧，保持背部挺直，膝关节微屈；直膝向前屈体至上身与地面平行，停留1秒，缓速还原。建议每组10~15个，每次3~5组。

动作要点：

1. 在哑铃下放到最低点时双膝微屈；
2. 下放时呼气，上拉时吸气。

易错纠错：

1. 不要低头；
2. 不要含胸驼背。

主要锻炼肌肉群 **腘绳肌**
同步锻炼肌肉群 **臀大肌**

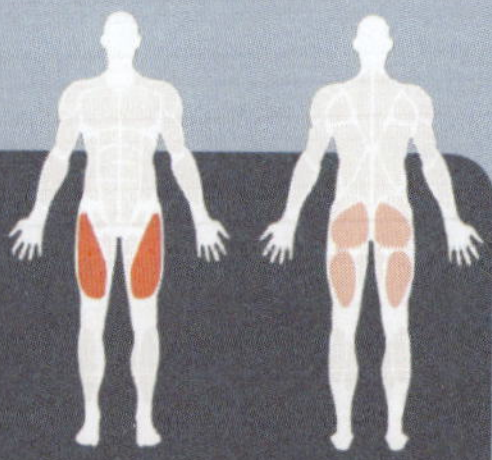

降阶

弹力带直腿硬拉

动作过程：

两脚开立，比肩稍窄，双手握住弹力带两端置于身体两侧，背部保持挺直，膝关节微屈。直膝向前屈体至上身与地面平行，停留 1 秒，缓速还原。建议每组 12 个，每次 3~5 组。

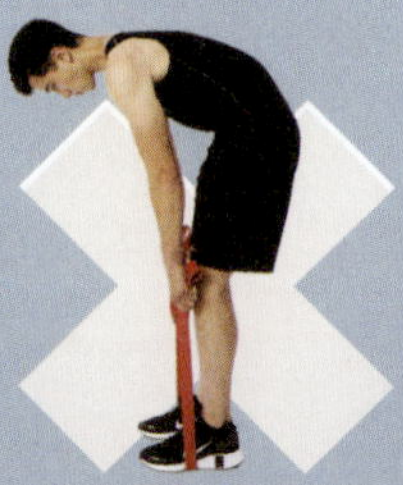

动作要点：

1. 在弹力带下放到最低点时双膝微屈；
2. 下放时呼气，上拉时吸气。

易错纠错：

1. 不要低头；
2. 不要含胸驼背。

主要锻炼肌肉群 **腘绳肌**
同步锻炼肌肉群 **臀大肌**

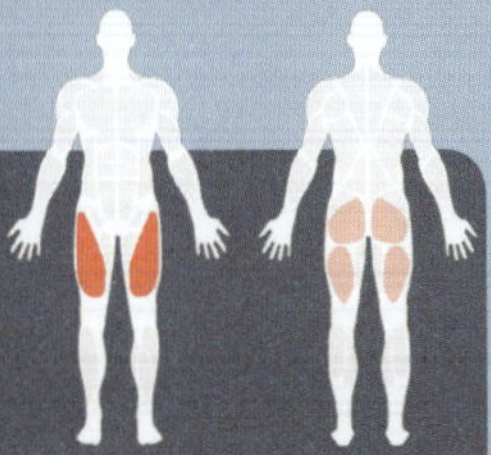

升阶

杠铃直腿硬拉

动作过程：

两脚开立，比肩稍窄，两手正握杠铃，握距同肩宽，背部保持挺直，膝关节微屈。直膝向前屈体至上身与地面平行，停留1秒，缓速还原。建议每组8个，每次3~5组。

动作要点：

1. 杠铃下放到最低点时双膝微屈；
2. 下放时呼气，上拉时吸气。

易错纠错：

1. 不要低头；
2. 不要含胸驼背。

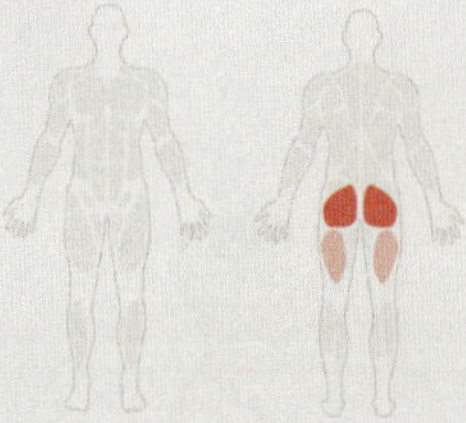

主要锻炼肌肉群
臀大肌

同步锻炼肌肉群
腘绳肌

④

标准

跪姿后踢腿

扫码观看视频教程

降阶

站姿后踢腿

扫码观看视频教程

升阶

跪姿负重后踢腿

扫码观看视频教程

主要锻炼肌肉群 **臀大肌**
同步锻炼肌肉群 **腘绳肌**

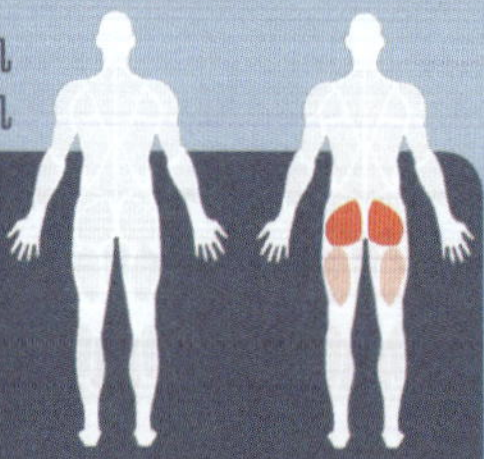

标准

跪姿后踢腿

动作过程：

俯卧在瑜伽垫上，双手、双膝撑地，抬起一侧腿，向后向上踢，停留 1 秒，然后屈膝收腿，膝盖回到身体正下方，轻触地面；左右腿交替为 1 个。建议每组 12~15 个，每次 3~5 组。

动作要点：

1. 后蹬腿向后上方侧伸展；
2. 收腿时吸气，伸展时呼气。

易错纠错：

1. 不要塌腰；
2. 避免髋关节转动。

主要锻炼肌肉群 **臀大肌**
同步锻炼肌肉群 **腘绳肌**

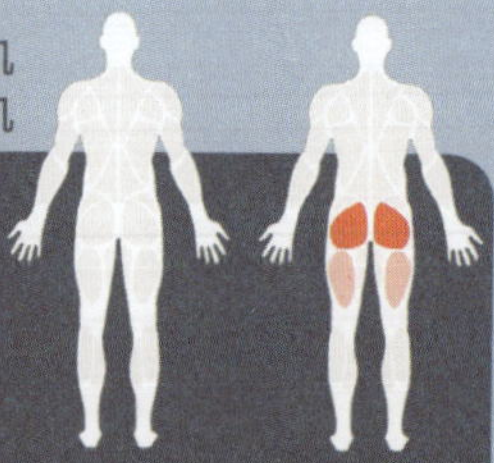

降阶 站姿后踢腿

动作过程：

自然站立，双脚与肩同宽，挺胸收腹，腰背挺直；感受臀部发力，使一侧腿向斜后方抬起，直至抬不动，停留1秒，缓速还原，左右腿交替为1个。建议每组12~15个，每次3~5组。

动作要点：

1. 臀部发力使一侧腿向斜后方抬起；
2. 腿放下时速度缓慢。

易错纠错：

1. 避免身体晃动；
2. 上身不要前倾。

主要锻炼肌肉群 **臀大肌**
同步锻炼肌肉群 **腘绳肌**

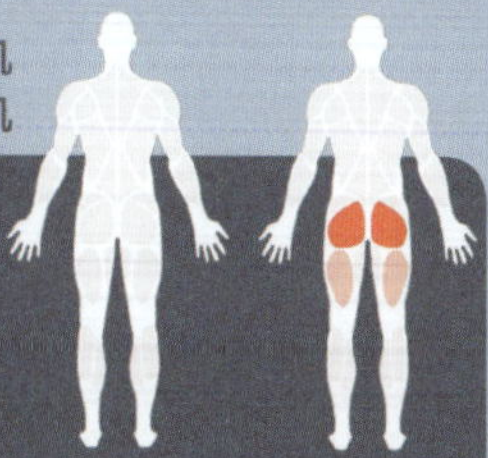

升阶 跪姿负重后踢腿

动作过程：

俯卧在瑜伽垫上，双手、双膝撑地，抬起一侧腿，用膝盖后侧夹住哑铃，同时向后向上抬起，直到大腿与地面平行，停留1秒，缓速还原，膝盖回到身体正下方，轻触地面。左右腿交替完成为1个。建议每组10个，每次3~5组。

动作要点：

1. 后蹬腿的膝盖后侧夹紧哑铃；
2. 收腿时呼气，伸展时吸气。

易错纠错：

髋关节不要转动。

Tips：提踵动作是锻炼小腿的主要手段之一，另外在提踵运动后要做适当的拉伸运动才能起到小腿塑形的功效。

标准

⑤ 哑铃提踵

扫码观看视频教程

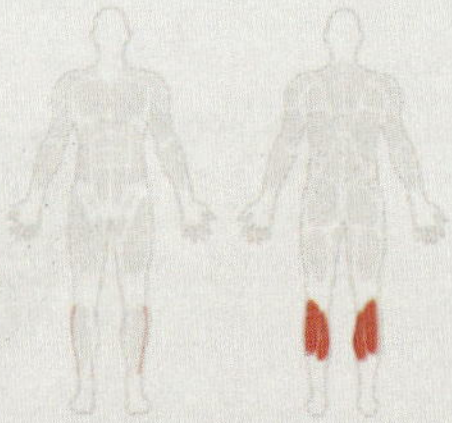

主要锻炼肌肉群
腓肠肌

同步锻炼肌肉群
比目鱼肌

降阶

站姿提踵

扫码观看视频教程

升阶

臀桥提踵

扫码观看视频教程

主要锻炼肌肉群 **腓肠肌**
同步锻炼肌肉群 **比目鱼肌**

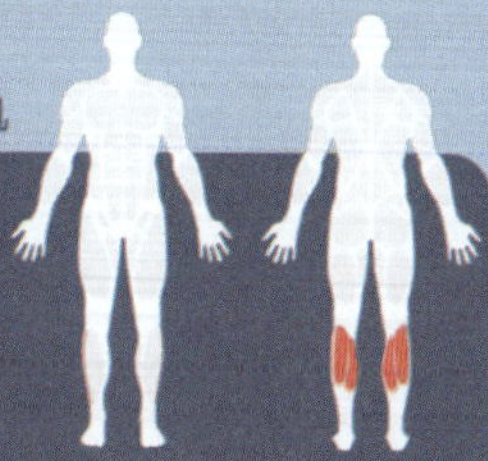

标准

哑铃提踵

动作过程：

站立，手持哑铃，左脚屈膝自然提起，右脚前脚掌踩在一个高 5~8 厘米的固定物上，脚跟落地，小腿发力，脚跟离开地面，尽可能地向上踮起脚尖，在顶部停留 1 秒，缓速还原；做一组后换另一侧腿。建议每组 10~12 个，每次 3~5 组。

动作要点：

1. 如果单腿站立有困难，可以双脚着地站立；
2. 抬起时呼气，还原时吸气。

易错纠错：

1. 不要低头；
2. 身体不要晃动。

主要锻炼肌肉群 **腓肠肌**
同步锻炼肌肉群 **比目鱼肌**

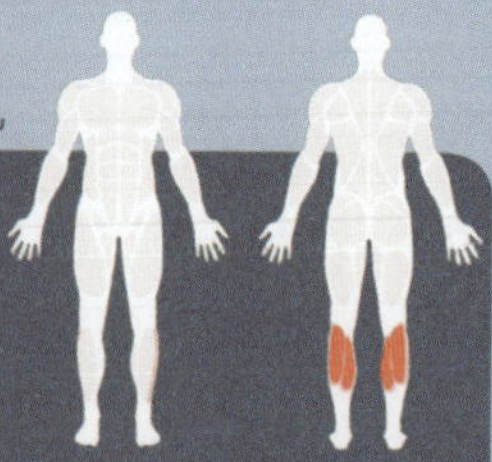

降阶

站姿提踵

动作过程：

站立，腰背挺直，前脚掌踩在高约 5 厘米的物体上。小腿发力，抬起后脚跟，保持身体稳定，小腿持续发力，在最高点停留 1 秒，缓速还原。建议每组 12~15 个，每次 3~5 组。

动作要点：

1. 身体重心在前脚掌；
2. 抬起时呼气，还原时吸气。

易错纠错：

1. 不要低头；
2. 避免身体晃动。

主要锻炼肌肉群 **腓肠肌**
同步锻炼肌肉群 **比目鱼肌**

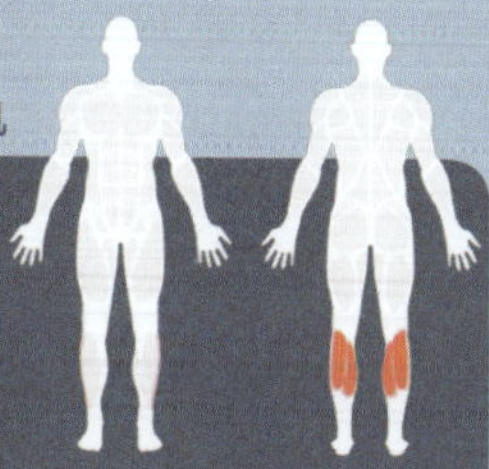

升阶

臀桥提踵

动作过程：

平躺在瑜伽垫上，膝盖微屈，脚后跟向臀部靠近，髋关节向上做臀桥动作，同时小腿发力抬起后脚跟，脚尖踩实地面，在最高点停留 1 秒，缓速还原。建议每组 10~12 个，每次 3~5 组。

动作要点：

做臀桥动作的同时，小腿发力抬起后脚跟。

易错纠错：

1. 不要过度挺腰；
2. 提踵动作不要过快，避免利用身体惯性。

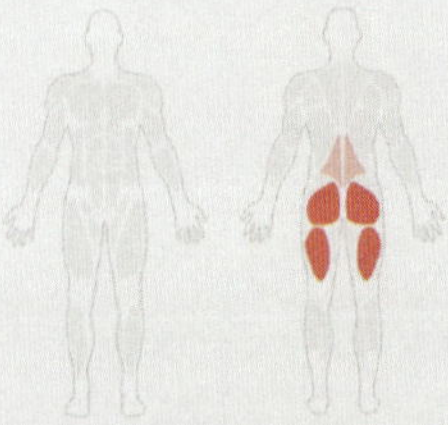

主要锻炼肌肉群
臀大肌和腿部肌肉

同步锻炼肌肉群
背部肌群

⑥ 标准

哑铃屈腿硬拉

扫码观看视频教程

Tips：屈腿硬拉是一项综合性训练动作，也是锻炼背部的经典动作。

降阶

弹力带屈腿硬拉

扫码观看视频教程

升阶

杠铃屈腿硬拉

扫码观看视频教程

主要锻炼肌肉群 **臀大肌和腿部肌肉**
同步锻炼肌肉群 **背部肌群**

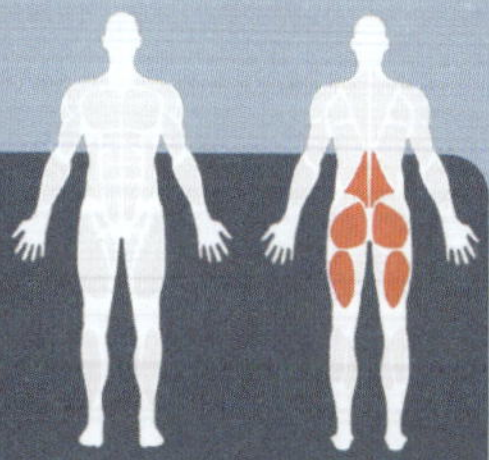

标准

哑铃屈腿硬拉

动作过程：

两脚开立，比肩宽，双手各持一只哑铃放于身体前侧，屈膝，臀部向后、向下移动，俯身至上身前倾约 45°。背部发力提起哑铃，停留 1 秒，缓速还原。建议每组 12 个，每次 3~5 组。

动作要点：

1. 臀部向后、向下移动；
2. 下放时呼气，上拉时吸气。

易错纠错：

1. 肩部向后夹紧，不要耸肩；
2. 背部不要过度前倾。

主要锻炼肌肉群 **臀大肌和腿部肌肉**
同步锻炼肌肉群 **背部肌群**

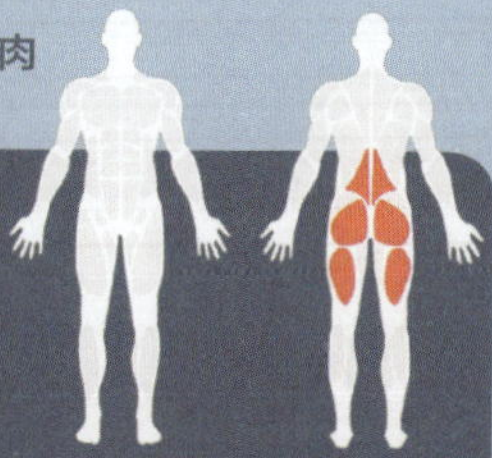

降阶

弹力带屈腿硬拉

动作过程：

双脚踩实弹力带，手握两端，根据自己的能力调整好弹力带的距离。头稍微抬起，屈膝，臀部向后向下移动，俯身至上身前倾约 45°。背部发力提起弹力带，停留 1 秒，缓速还原。建议每组 12 个，每次训练完成 3~5 组。

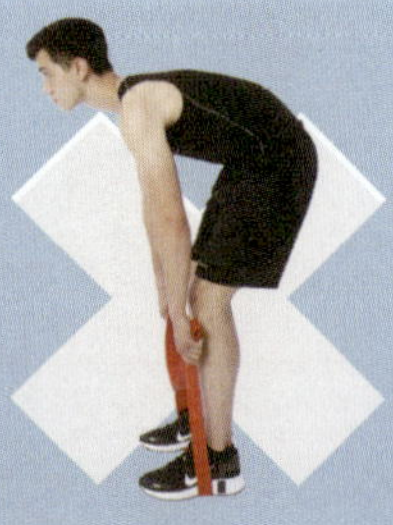

动作要点：

1. 臀部向后向下移动；
2. 下放时呼气，上拉时吸气。

易错纠错：

1. 肩部向后夹紧，不要耸肩；
2. 背部不要过度前倾。

主要锻炼肌肉群 **臀大肌和腿部肌肉**
同步锻炼肌肉群 **背部肌群**

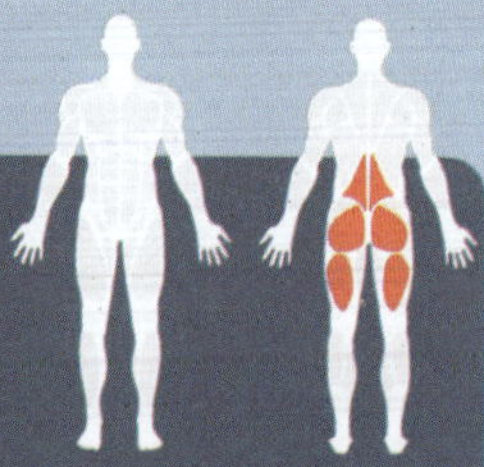

升阶

杠铃屈腿硬拉

动作过程：

双脚呈八字形站立，杠铃放于体前，屈膝俯身，双手正握杠铃，握距约与肩同宽。头稍微抬起，屈膝，臀部向后向下移动，俯身至上身前倾约 45°。背部发力提起杠铃，停留 1 秒，缓速还原。建议每组 8 个，每次 3~5 组。

动作要点：

1. 臀部向后向下移动，杠铃贴紧身体；
2 下放时呼气，上拉时吸气。

易错纠错：

1. 肩部向后夹紧，避免耸肩；
2. 背部不要过度前倾。

6.

男生专属训练

从啤酒肚变成型男，运动不仅能够改善人体的神经、内脏等器官的生理功能，全面提高身体各部位的力量，而且还可以使锻炼者的全身肌肉达到饱满匀称、线条分明和曲线优美的效果。

朱天怡

泰拳运动员，华尔街精英朱天怡分享几个他私家珍藏的训练动作。

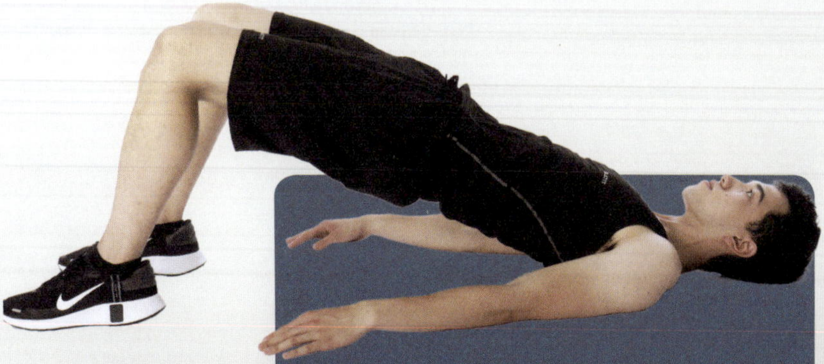

扫码观看视频教程

① 臀桥

② 俯卧撑

扫码观看视频教程

臀桥

动作过程：

上身平躺在瑜伽垫上，屈膝，脚跟向臀部靠近，脚掌踩实。臀大肌发力，将臀部和下背部抬离地面，直到躯干与大腿在同一条直线上，停留 1 秒。建议每组 10~15 个，每次 3~5 组。

动作要点：

1. 抬起时，躯干与大腿保持在同一条直线上；
2. 脚掌踩实地面。

易错纠错：

1. 不要出现顶腰的动作；
2. 膝盖和脚尖的方向需要保持一致。

俯卧撑

动作过程：

双手双脚四点支撑于地面，双手间距约为肩宽的1.5倍，双脚并拢，从头至脚形成一条直线。双肘伸直，前臂与地面保持垂直，上臂与躯干夹角在45°左右。臀部和腹部核心区域保持收缩。屈肘使身体缓慢下降，直到胸部几乎和地面接触，然后伸直手臂使身体上升，缓速还原。建议每组5~10个，每次3~5组。

动作要点：

1. 保持身体在一条直线上；
2. 躯干下沉时吸气，撑起时呼气。

易错纠错：

1. 上臂与躯干夹角不要过大；
2. 不要撅屁股或塌腰。

③ 哑铃深蹲

扫码观看视频教程

④ 弹力带侧向行走

扫码观看视频教程

⑤ 提肛

扫码观看视频教程

哑铃深蹲

动作过程：

双手各持一只哑铃，挺胸收腹，目视前方。双臂在身体两侧自然下垂，掌心内扣呈八字；双脚开立，与肩同宽。双膝弯曲，臀部向后，身体慢慢向下蹲，保持上身平直，直到大腿与地面平行，停留 1 秒，然后腿部发力，起身回到起始位置。建议每组 10 个，每次 5 组。

动作要点：

下蹲时吸气，起身时呼气。

易错纠错：

1. 不要弯腰或弓背；
2. 膝盖不要超过脚尖。

弹力带侧向行走

动作过程：

将弹力带环绕固定在膝盖上方，膝盖微屈，臀部后蹲，两脚打开与肩同宽，抬头挺胸；重心下降，脚尖向前，缓缓侧跨一步，另一条腿也做同向动作。建议每组 15~20 个，每次 3~5 组。

动作要点：

1. 脚尖向前，身体重心下降；
2. 全程保持弹力带张力。

易错纠错：

1. 动作不要过快；
2. 膝盖不要内扣。

提肛

动作过程：

模拟憋尿动作，将肛门肌肉向上提，然后放松，一提一松，反复进行。建议每次练习 50~80 个。

动作要点：

1. 可采用站、坐、卧等多种姿态进行；
2. 吸气时提肛缩腹，呼气时将肛门放下。

易错纠错：

如果腹部有同步紧缩的现象，表示运动错误。

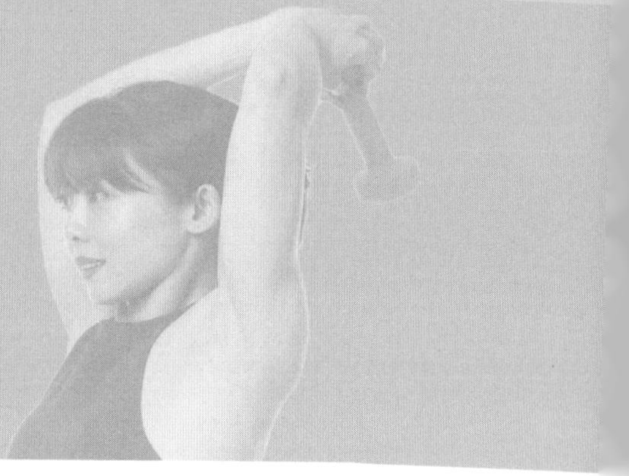

1.

告别“拜拜肉”收获紧致手臂

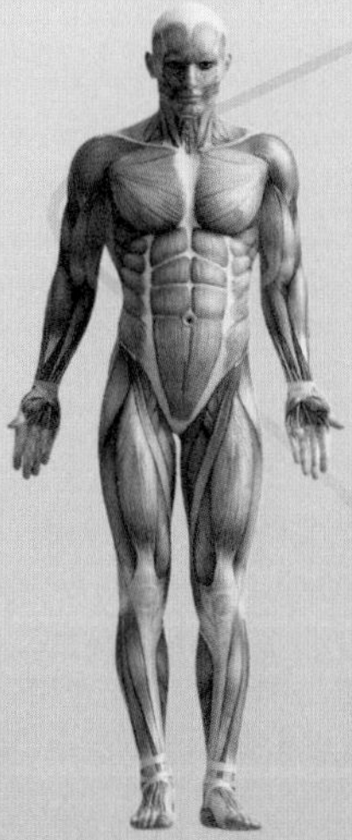

性感纤细的手臂可以为女性增加清晰可见的线条轮廓美感，使整个人看起来更加纤细，让女生更有自信。

大臂肌群中最有代表性的是肱二头肌和肱三头肌。前臂肌肉层次复杂，功能多样，锻炼中我们多以肱桡肌和尺侧腕伸肌的练习为主，兼顾其他相关肌肉。

钟　靓

花样游泳全国冠军钟靓跟我们分享几个简单、高效、实用的臂部肌群训练动作。

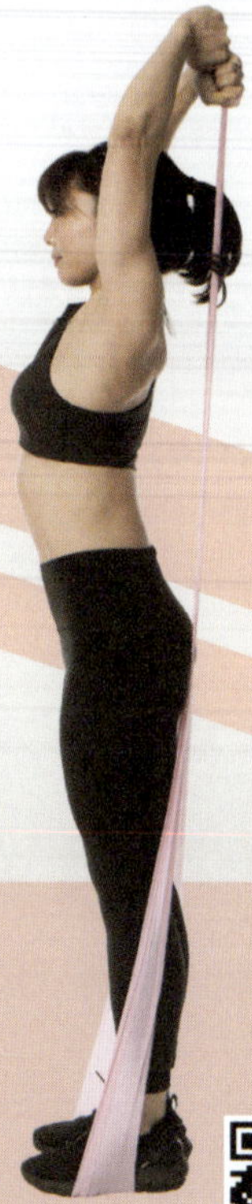

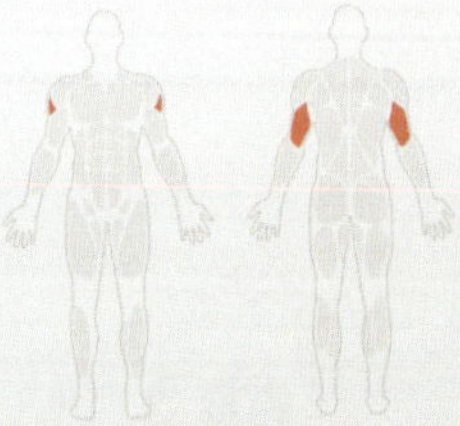

主要锻炼肌肉群

肱三头肌

标准

1 弹力带颈后臂屈伸

扫码观看视频教程

降阶

俯身臂屈伸

扫码观看视频教程

升阶

哑铃颈后臂屈伸

扫码观看视频教程

主要锻炼肌肉群 **肱三头肌**

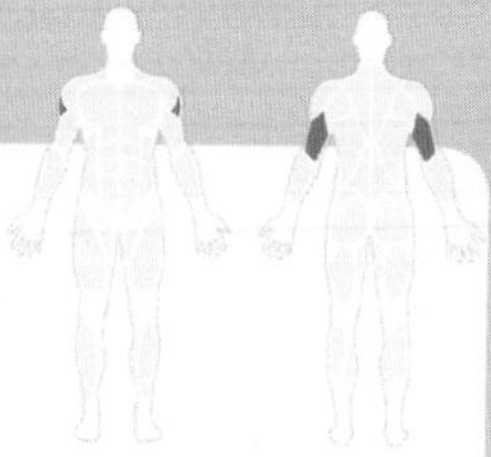

标准

弹力带颈后臂屈伸

动作过程：

双脚掌踩实弹力带，双手颈后拉住弹力带两端使其固定；上臂垂直于地面，缓慢将弹力带向上拉至最高点，停留 1 秒，缓速还原。建议每组 8 个，每次做 6 组。

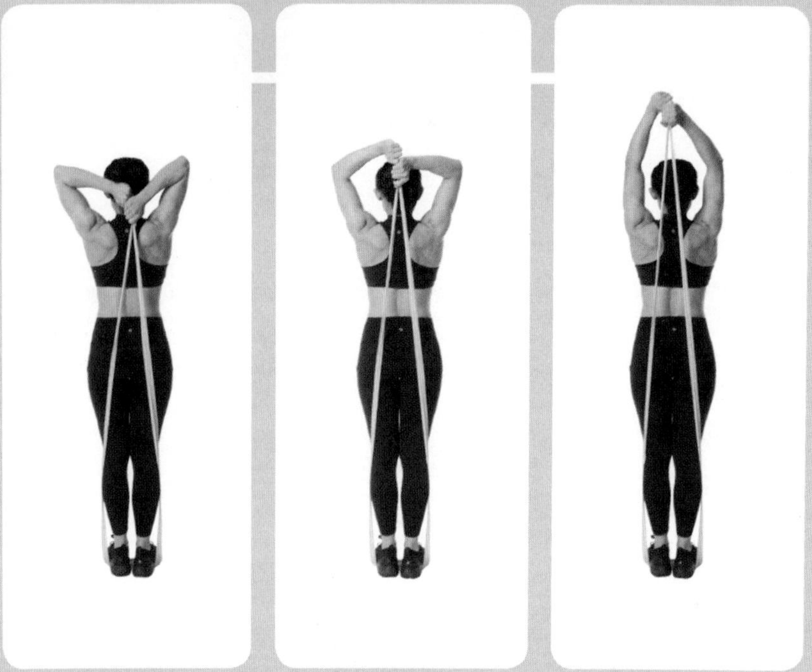

动作要点：

1. 屈臂吸气，伸臂呼气；
2. 保持手肘和头部固定。

易错纠错：

1. 不要弯腰低头；
2. 大臂不要过度外展。

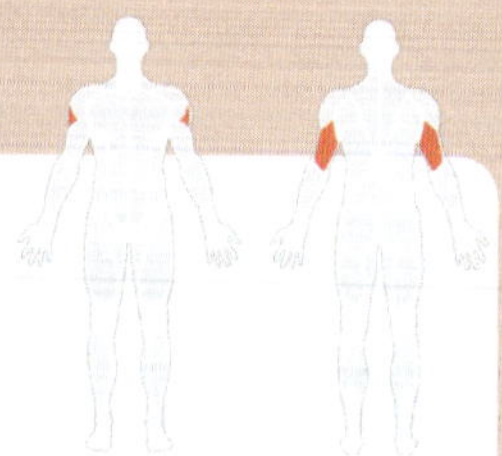

降阶

俯身臂屈伸

动作过程:

右手持哑铃，左腿跪在长凳上，身体向前屈，左手扶凳，眼睛看向地面，右手大臂尽量与身体平行，小臂与地面垂直；大臂后侧发力，哑铃向后上抬起；在最高点停留1秒，缓速还原。建议每组6个，每次做8组。

动作要点:

1. 腰背挺直，肱三头肌发力，前臂向后上方抬起；
2. 上拉时吸气，还原时呼气。

易错纠错:

1. 身体不要旋转；
2. 手臂抬起幅度不能过低。

主要锻炼肌肉群 **肱三头肌**

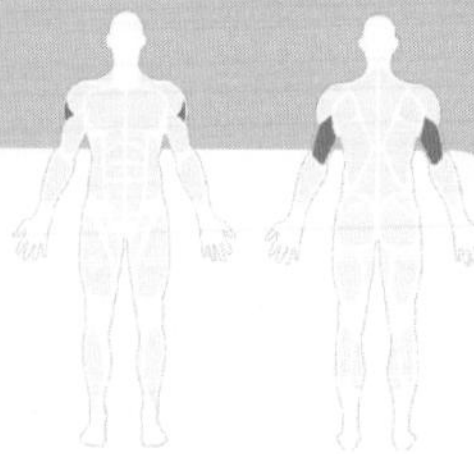

升阶

哑铃颈后臂屈伸

动作过程：

双手持铃放在头后，前臂与地面接近水平，肩膀内夹，使大臂过头顶垂直地面并贴近耳朵，保持身体稳定，缓慢将哑铃举至最高点，停留 1 秒，屈肘，使前臂向后下垂，缓速还原。建议每组 12 个，每次做 4 组。

动作要点：

1. 上臂贴近耳朵，保持竖直；
2. 前臂举起时吸气，下放时呼气。

易错纠错：

1. 不要弓背；
2. 举起前臂时切勿摆动上臂；
3. 肘关节不要外展。

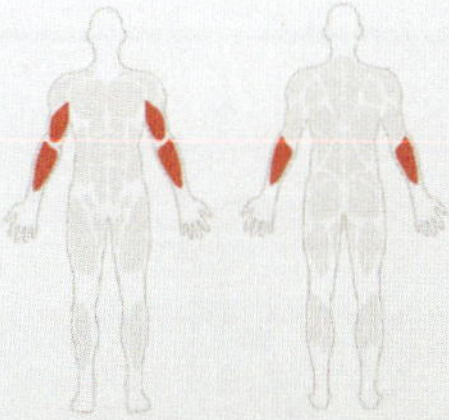

主要锻炼肌肉群
肱二头肌、小臂肌肉

2

标准

哑铃锤式弯举

扫码观看视频教程

降阶

弹力带锤式弯举

扫码观看视频教程

升阶

哑铃交替锤式弯举

扫码观看视频教程

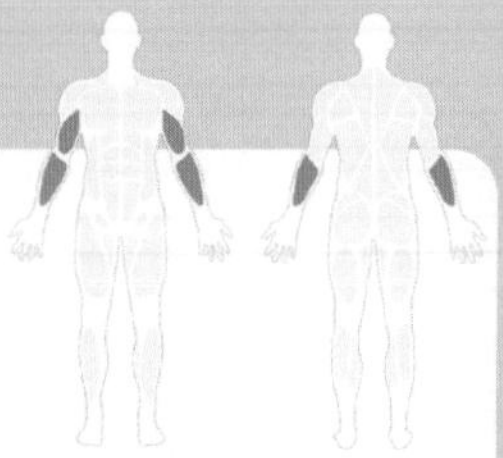

标准

哑铃锤式弯举

动作过程：

站立，收紧腹部，肩膀下沉，双手握哑铃，拳心向上，大臂贴紧身体；以肘关节为轴，发力屈臂举起哑铃，直至哑铃接近胸部位置，停留 1 秒，缓速还原。建议每组 8 个，每次做 6 组。

动作要点：

1. 直腕握铃，固定住躯干以及肩部；
2. 放下时手臂不完全放松，不完全伸直；
3. 弯举时呼气，下放时吸气。

易错纠错：

身体不要前后摆动借力。

主要锻炼肌肉群 **肱二头肌、小臂肌肉**

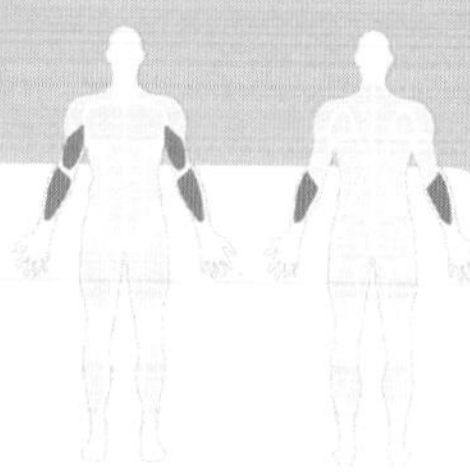

降阶

弹力带锤式弯举

动作过程：

双脚前后站立，一只脚踩住弹力带，确保弹力带两边长度一致，掌心朝上握住弹力带，同时将肘部贴在身体的两侧；缓慢有控制地收缩肱二头肌将弹力带向肩膀部位弯举，在顶端停留 1 秒，缓速还原。建议每组 6 个，每次做 8 组。

动作要点：

1. 收紧核心肌群，保持躯干稳定；
2. 向上弯举时呼气，下放时吸气。

易错纠错：

1. 身体不要借力；
2. 不要憋气。

主要锻炼肌肉群 **肱二头肌、小臂肌肉**

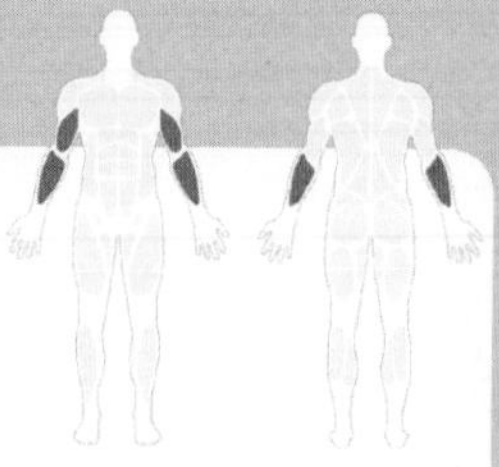

升阶

哑铃交替锤式弯举

动作过程：

直立，双脚跟并拢，收紧腹部，肩膀后缩下沉，双手握住哑铃置于身体两侧，拳心向上；肘部固定，收缩肱二头肌，抬起哑铃，直至哑铃接近胸部位置，停留 1 秒，缓速还原。换一侧手臂重复动作。左右手交替弯举为 1 个。建议每组 12 个，每次做 4 组。

动作要点：

1. 手臂在最低点时不完全放松，不完全伸直；
2. 向上弯举时呼气，下放时吸气。

易错纠错：

1. 肘关节不要抬起；
2. 不要摆动身体。

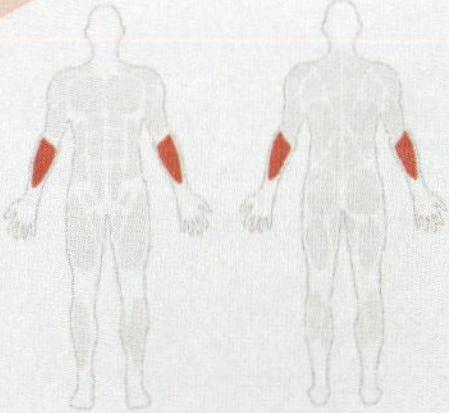

主要锻炼肌肉群
前臂肌群

标准

3 腕力器

扫码观看视频教程

降阶

腕力球

扫码观看视频教程

升阶

哑铃腕弯举

扫码观看视频教程

主要锻炼肌肉群 **前臂肌群**

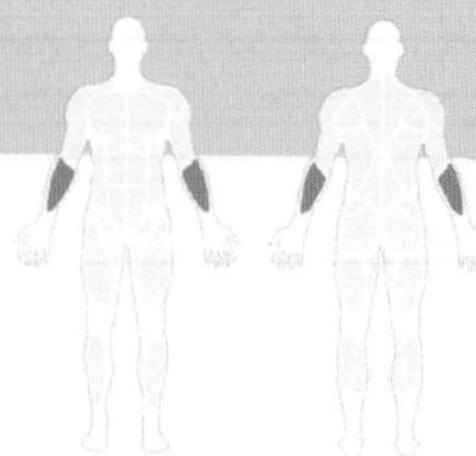

标准

腕力器

动作过程：

坐姿，肘关节固定，腕力器一端固定在小臂上，手心向上，手臂从臂圈下面伸出，使手腕背面紧贴压腕套；手腕用力向内屈至极点，停留 1 秒，缓速还原。建议每组 8 个，每次做 6 组。

动作要点：

1. 每次不要练习太长时间；
2. 弯腕时吸气，还原时呼气。

易错纠错：

练习时没有固定肘关节。

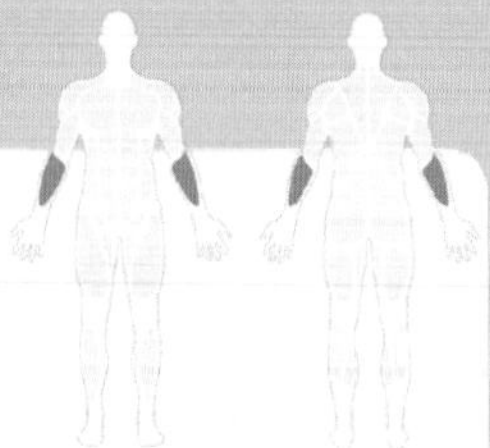

降阶

腕力球

动作过程:

双手捧住腕力球，用大拇指沿着球上箭头方向缓慢推动转子，直到推不动为止。单手握紧上紧发条的腕力球，球内转子开始快速转动，手腕适应后可以转动手腕加速转子。

动作要点:

用一只手握紧上紧发条的腕力球。

易错纠错:

1. 不要悬挂上紧发条的腕力球;
2. 球高速转动的时候不要松开手。

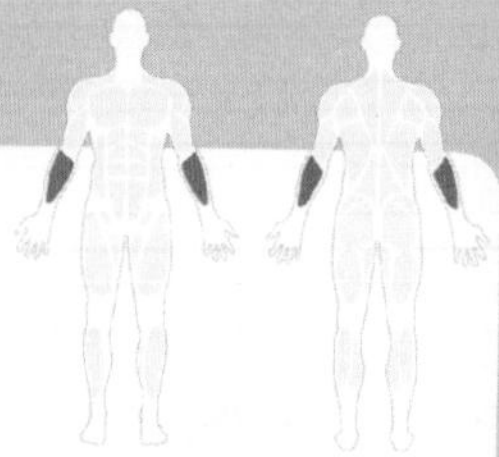

升阶

哑铃腕弯举

动作过程：

坐在平板凳上，单手持哑铃。双脚固定在地面上，比肩略宽。上身前倾，负重一侧的肘关节置于同侧大腿上，掌心向上，手腕用力将哑铃向前臂内侧弯举，直至手腕弯举到极限，停留 1 秒，缓速还原。建议每组 12 个，每次做 4 组。

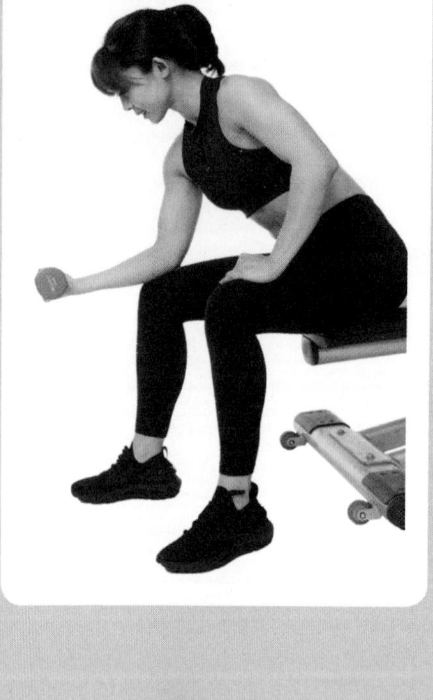

动作要点：

1. 大臂不要移动；
2. 弯举时呼气，下放时吸气。

易错纠错：

肘部没有固定。

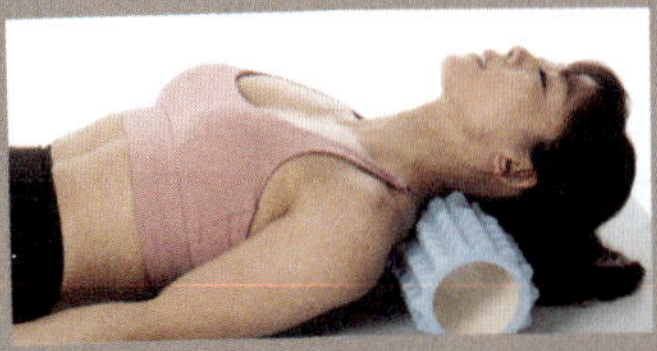

2.

你与美丽只差一个“天鹅颈”

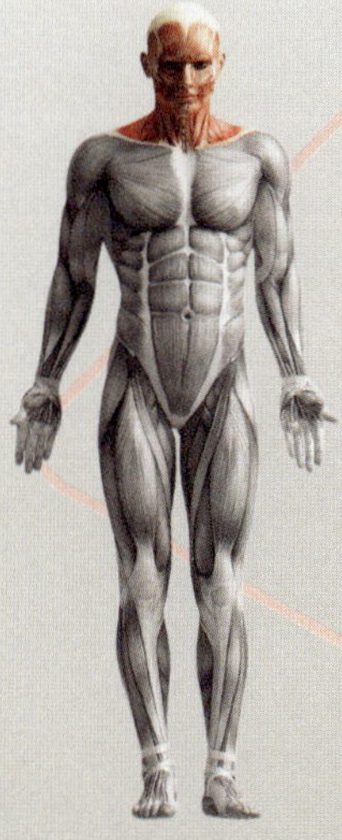

挺拔、细长的脖颈最能体现女生的精气神。一个女人的美，脖子是重点，因为挺拔，所以更加坚定有力，优雅自如。

颈后肌群，表层有斜方肌上束部分、肩胛提肌、头夹肌、颈夹肌，还包括颈阔肌、胸锁乳突肌上段、斜角肌群及枕下肌群，再往下，颈背结合处有小菱形肌、大菱形肌。

张璐宇

跳高全国冠军张璐宇跟我们分享几个在家就能做的颈部肌群训练动作。

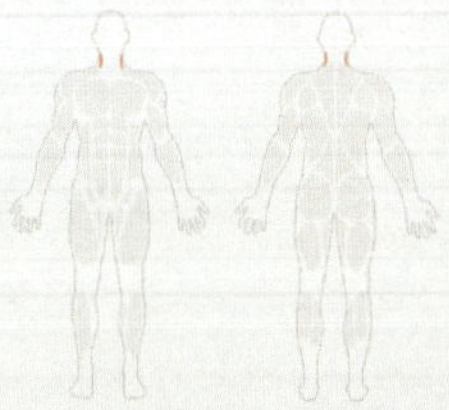

主要锻炼肌肉群
颈部肌肉

1 十字练习

扫码观看视频教程

2 弹力带颈部对抗

扫码观看视频教程

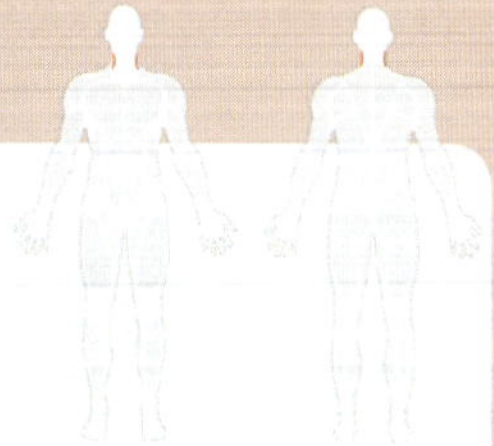

十字练习

动作过程：

挺胸收腹，头部做十字形运动。

头部先水平转向一侧，停留 5 秒，再慢慢回到中间，转到另一侧停留 5 秒，回到起始位置；然后头部分别向上、下缓慢拉伸，分别在极限处停留 5 秒，最后回到起始位置。

建议每组 6 个，每次做 4 组。

动作要点：

1. 保持上半身直立；
2. 均匀呼吸。

易错纠错：

1. 头部转向速度不宜过快；
2. 不要耸肩。

主要锻炼肌肉群 **颈部肌群**

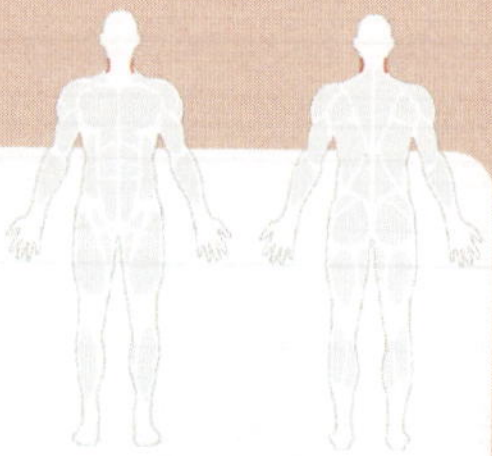

弹力带颈部对抗

动作过程：

头部固定不动，将弹力带套在脑后，收下颌，双手向前缓慢拉引弹力带，颈部处于中立位置，缓慢仰头，颈部肌肉收缩对抗弹力带拉力，停留 1 秒，缓速还原。建议每组 6 个，每次做 4 组。

动作要点：

1. 稳定身体，腰背挺直，收紧核心；
2. 颈椎保持中立位。

易错纠错：

1. 动作不宜过快；
2. 向前牵引时不要过度用力。

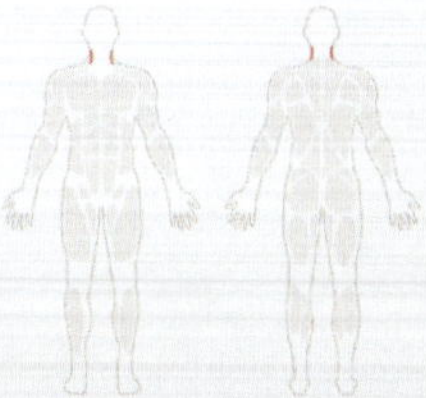

主要锻炼肌肉群

颈部肌肉

3 点头运动

扫码观看视频教程

4 颈部左右等长对抗练习

扫码观看视频教程

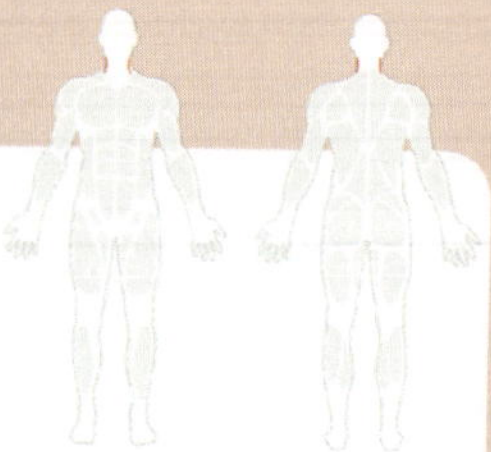

点头运动

动作过程：

站立，两手叉腰，缓慢向下点头，停留 1 秒；头往后伸展颈部，停留 1 秒，缓速还原。建议每组 6 个，每次做 4 组。

动作要点：

1. 挺胸收腹，均匀呼吸；
2. 动作全程保持颈部固定。

易错纠错：

身体不要前后摆动。

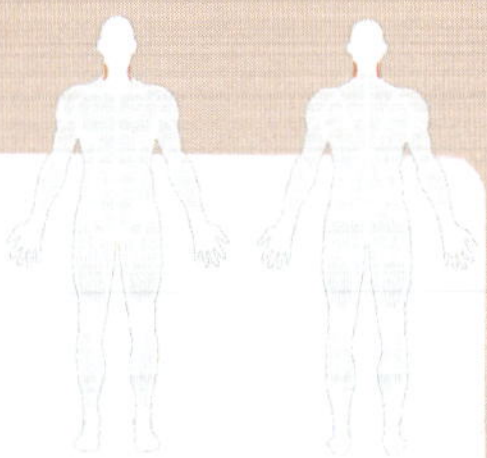

颈部
左右等长对抗练习

动作过程：

自然站立，腰背挺直，脊椎保持中立位，双眼平视前方。

手掌置于头部左侧，尽可能地推移颈部，颈部与手掌对抗5秒。

手掌置于头部右侧，尽可能地推移颈部，颈部与手掌对抗5秒。建议每组6个，每次做4组。

动作要点：

1. 挺胸收腹，均匀呼吸；
2. 动作全程保持颈部固定。

易错纠错：

身体不要前后摆动。

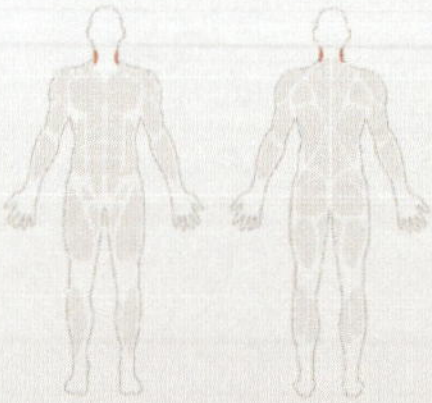

主要锻炼肌肉群
颈部肌肉

5

泡沫轴
颈部放松

扫码观看视频教程

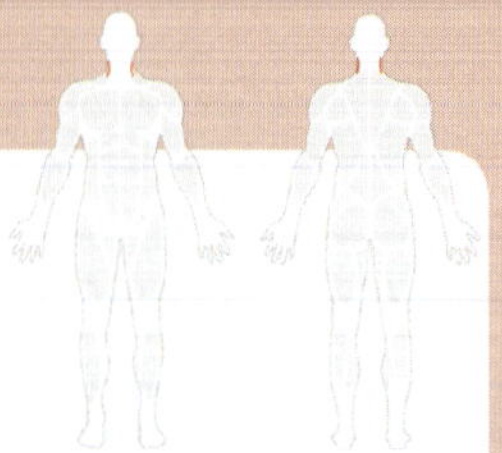

泡沫轴颈部放松

动作过程:

仰卧在瑜伽垫上，屈膝，双脚踩实，双臂置于身体两侧，掌心向下；将泡沫轴置于颈部下方，让颈部完全贴在泡沫轴上，下颌微微扬起，缓慢移动身体。坚持 1 分钟。

动作要点:

1. 收紧核心；
2. 均匀呼吸。

易错纠错:

动作不要过快。

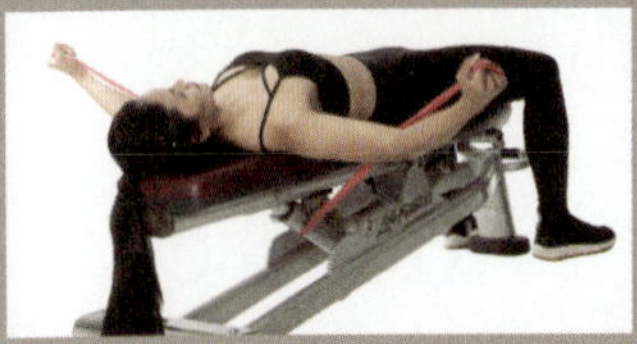

3.

这几个动作
让你的胸部更挺拔

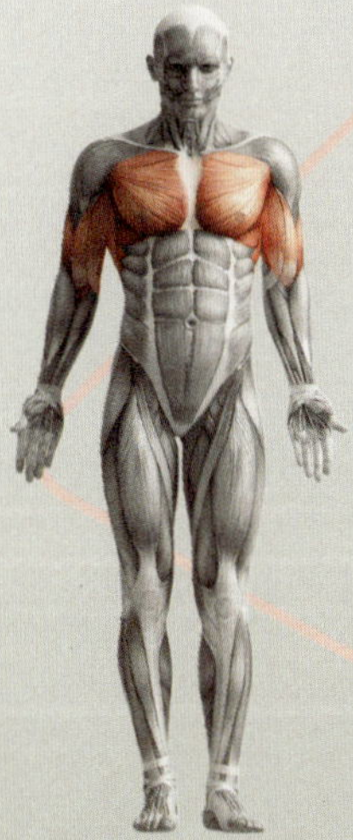

女性胸部由肌肉和乳房两部分组成，只有使支撑乳房的胸部肌群发达，才能让胸部尽量丰满、挺拔。

胸部肌肉主要包括胸大肌和胸小肌，胸大肌位于胸前浅层，为扇形扁肌，胸小肌位于胸大肌深层。

张　新

全国健身模特冠军张新跟我们分享几个可以让你的胸部更挺拔的胸部肌群训练动作。

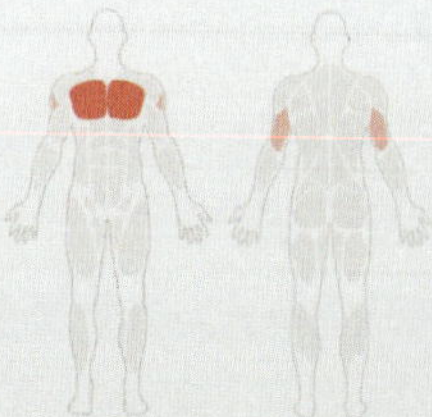

1

标准

俯卧撑

扫码观看视频教程

主要锻炼肌肉群
胸部肌群

同步锻炼肌肉群
肱三头肌

降阶

跪姿俯卧撑

扫码观看视频教程

升阶

T 字俯卧撑

扫码观看视频教程

主要锻炼肌肉群 **胸部肌群**
同步锻炼肌肉群 **肱三头肌**

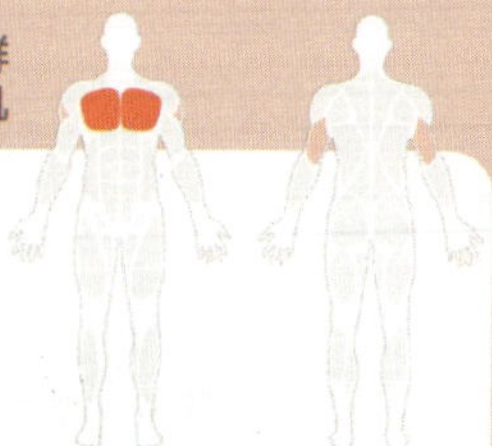

标准俯卧撑

动作过程：

俯身，双臂垂直于地面，与肩同宽，双手双脚尖四点着地支撑身体；保持腰背挺直，屈肘缓慢下沉身体，双肘向身体外侧弯曲，弯曲角度控制在 45° 左右，下沉至大臂与地面平行，停留 1 秒，双臂用力推起身体，还原起始姿势。建议每组 5 个，每次做 3 组。

动作要点：

1. 身体保持在一条直线上；
2. 身体下沉时吸气，撑起时呼气。

易错纠错：

1. 肘关节不要超伸；
2. 不要塌腰或撅臀。

主要锻炼肌肉群 **胸部肌群**
同步锻炼肌肉群 **肱三头肌**

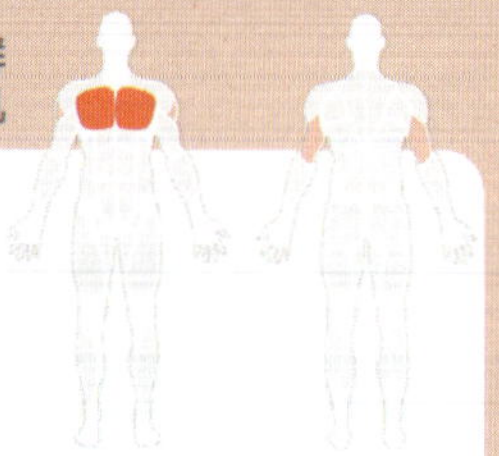

降阶

跪姿俯卧撑

动作过程：

俯身，双手支撑在瑜伽垫上与肩同宽，双脚交叉，跪在垫上，腰背挺直；双手双膝四点着地；屈肘缓慢下沉身体，双肘向身体外侧弯曲，弯曲角度控制在 45° 左右，下沉至大臂与地面平行；停留 1 秒，双臂用力推起身体，还原起始姿势。建议每组 5 个，每次做 4 组。

动作要点：

1. 躯干和大腿保持在一条直线；
2. 下沉时吸气，撑起时呼气。

易错纠错：

1. 肘关节不要超伸；
2. 不要塌腰或撅臀。

主要锻炼肌肉群 **胸部肌群**
同步锻炼肌肉群 **肱三头肌**

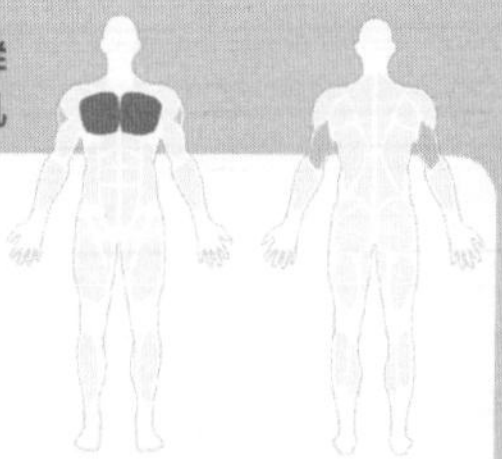

升阶

T 字俯卧撑

动作过程:

完成一个标准俯卧撑后，用右手撑地，抬起左手旋转身体向上打开胸口，左手往上延伸指向天花板，形成侧平板支撑的姿势；停留 1 秒，缓速还原，左右两边交替重复。建议每组 6 个，每次做 4 组。

动作要点:

1. 身体保持在一条直线；
2. 收紧腹部。

易错纠错:

不要塌腰或撅屁股。

2 标准 哑铃飞鸟

扫码观看视频教程

主要锻炼肌肉群
胸部肌群

同步锻炼肌肉群
肩部肌群、背部肌群、肱二头肌

降阶 弹力带飞鸟

扫码观看视频教程

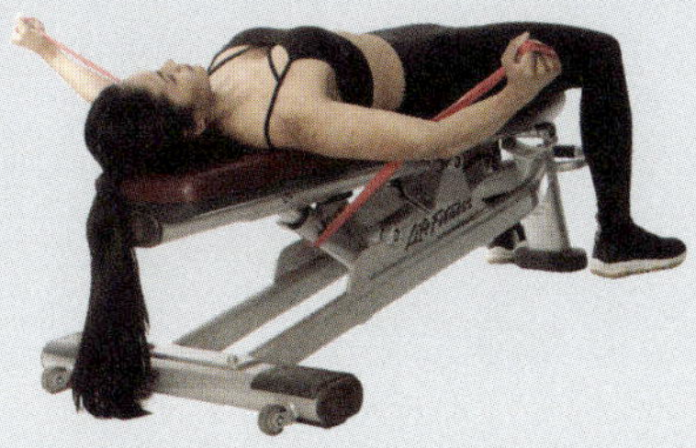

升阶 大重量哑铃飞鸟

扫码观看视频教程

主要锻炼肌肉群 **胸部肌群**
同步锻炼肌肉群 **肩部肌群、背部肌群、肱二头肌**

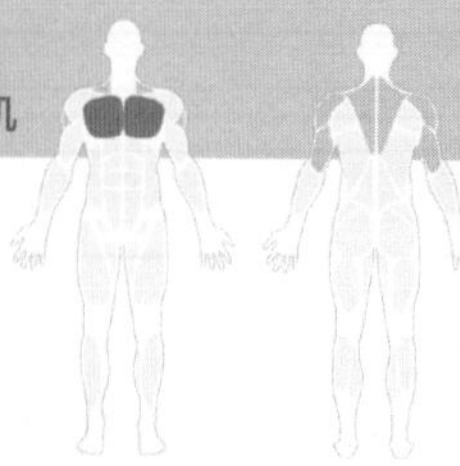

标准

哑铃飞鸟

动作过程：

仰卧在长凳上，两脚踏实，双手持哑铃自然伸直于肩关节正上方，两手间距略小于肩宽；两手持哑铃向身体两侧慢慢落下，到极限时停留1秒，肘关节保持微屈；胸大肌收缩，还原成起始位置。建议每组8个，每次做6组。

动作要点：

1. 双臂向上伸直时保持肘关节微屈；
2. 吸气时两臂张开，呼气时向上推举哑铃。

易错纠错：

1. 肘关节夹角不要过小；
2. 头部和臀部不要离开凳子。

主要锻炼肌肉群 **胸部肌群**
同步锻炼肌肉群 **肩部肌群、背部肌群、肱二头肌**

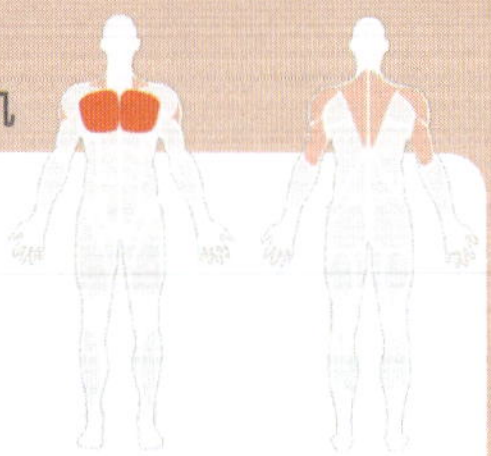

降阶

弹力带飞鸟

动作过程：

仰卧在长凳上，两脚踏实，将弹力带从肩膀下方绕过，双手握住弹力带位于肩部正上方，掌心相对；双手做半圆状运动向身体两侧慢慢落下，到极限时停留 1 秒，肘关节保持微屈；胸大肌收缩，将弹力带沿原路升起，还原成起始位置。建议每组 6 个，每次做 5 组。

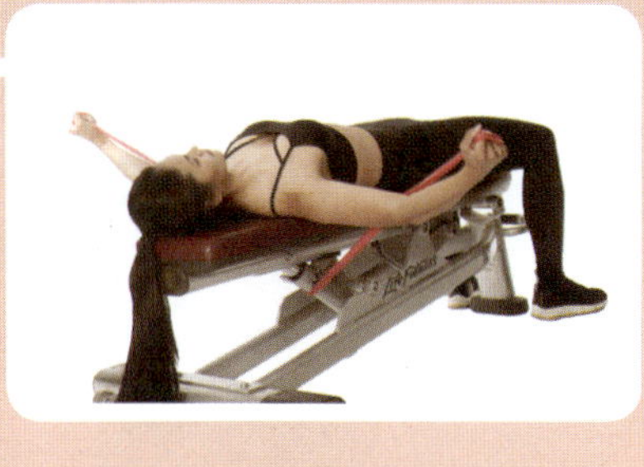

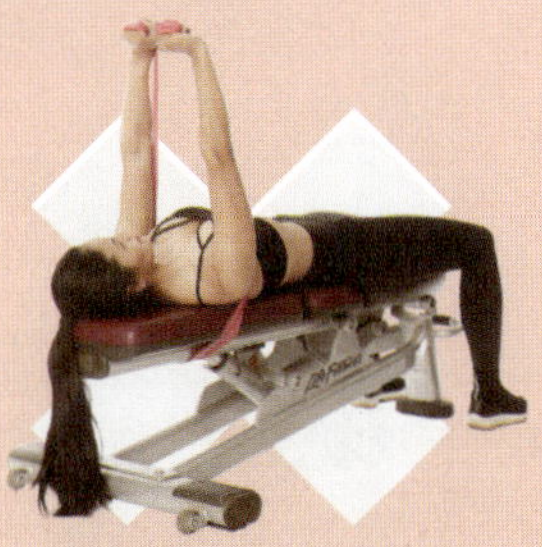

动作要点：

1. 两臂打开时，肘关节微屈；
2. 吸气时两臂打开，呼气时两臂收紧。

易错纠错：

掌心不要向上。

主要锻炼肌肉群 **胸部肌群**
同步锻炼肌肉群 **肩部肌群、背部肌群、肱二头肌**

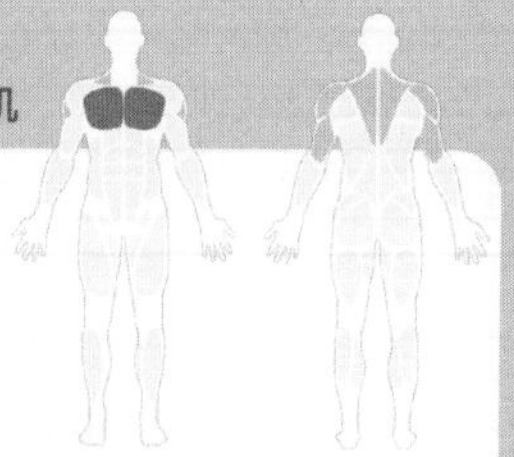

升阶

大重量哑铃飞鸟

动作过程：

仰卧在长凳上，两脚踏实，上背部和臀部触及凳面，两手持哑铃自然伸直于肩关节正上方，两手间距略小于肩宽；两手持哑铃向体侧慢慢落下，到极限时停留 1 秒，肘关节保持微屈；胸大肌收缩，将哑铃沿原路升起，缓速还原。建议每组 12 个，每次做 4 组。

动作要点：

1. 双臂向上伸直时保持肘关节微屈；
2. 吸气时两臂张开，呼气时向上推举哑铃。

易错纠错：

1. 肘关节不要折叠；
2. 头部和臀部不要离开凳子。

3

标准

哑铃卧推

扫码观看视频教程

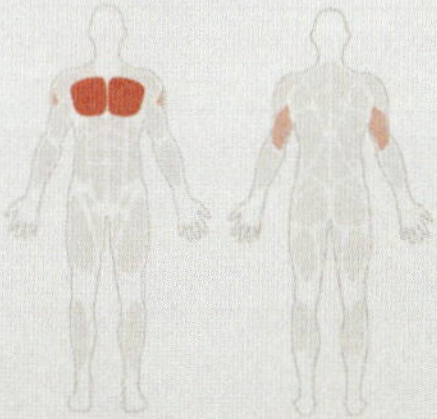

主要锻炼肌肉群
胸大肌

同步锻炼肌肉群
三角肌和肱三头肌

降阶

弹力带卧推

扫码观看视频教程

升阶

大重量哑铃卧推

扫码观看视频教程

主要锻炼肌肉群 **胸大肌**
同步锻炼肌肉群 **三角肌和肱三头肌**

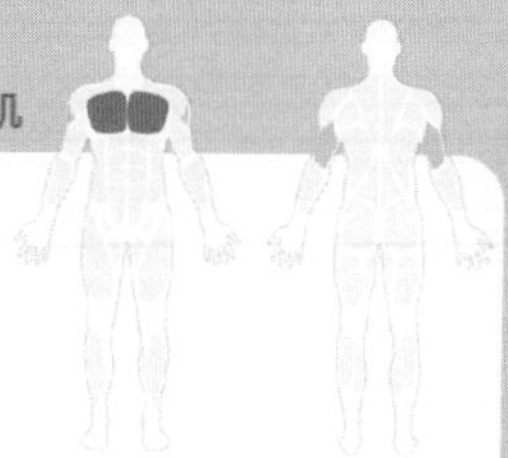

标准

哑铃卧推

动作过程：

仰卧在长凳上，双腿自然分开，双脚平放，两肘弯曲，握住哑铃，拳眼相对，哑铃的轴线与乳头位置同高，抵住胸部；向上推起哑铃，略向前偏，在最高点停留 1 秒，手臂向两侧张开，下降至大臂和身体同一水平时，恢复至起始位置。建议每组 8 个，每次做 6 组。

如果觉得哑铃卧推动作太轻松，可以适当增加哑铃重量。

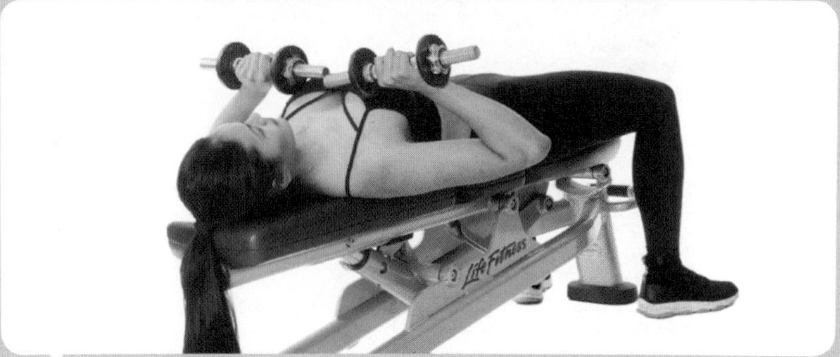

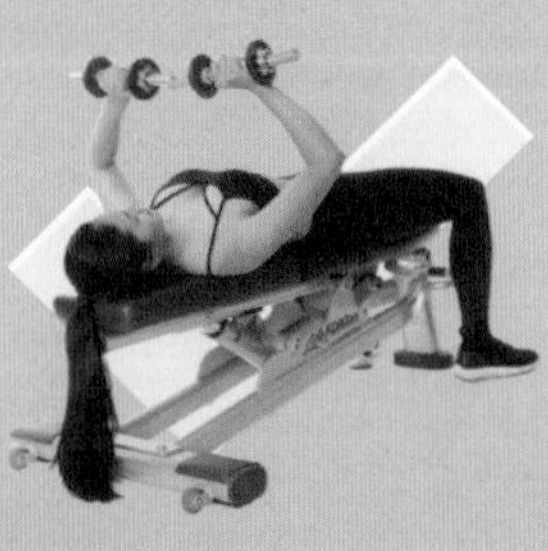

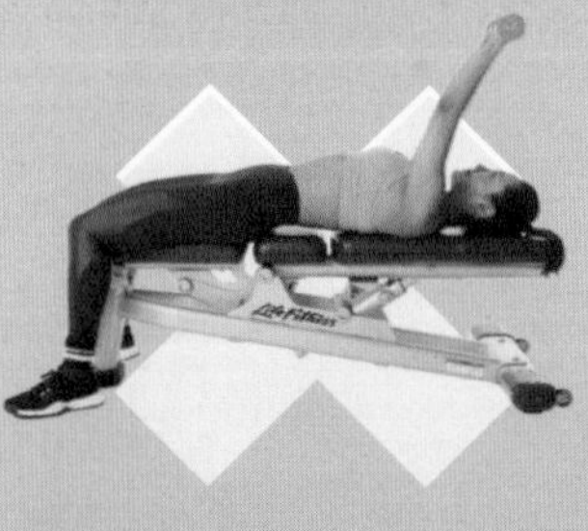

动作要点：

1. 手腕中立，让哑铃重心至地面的垂直线通过手腕；
2. 收紧肩胛骨；
3. 上举时吸气，下放时呼气。

易错纠错：

1. 哑铃推起后手臂应垂直于身体；
2. 哑铃应下落至身体所在水平面。

主要锻炼肌肉群 **胸大肌**
同步锻炼肌肉群 **三角肌和肱三头肌**

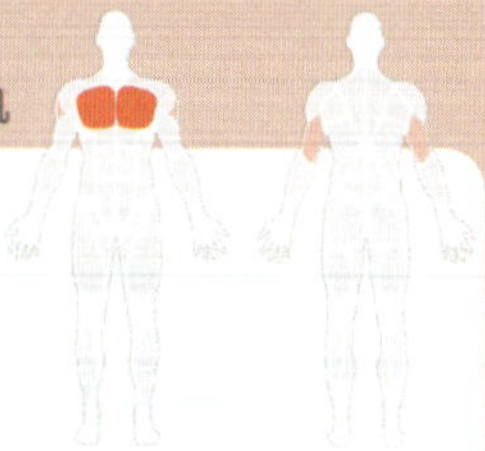

降阶

弹力带卧推

动作过程:

仰卧在长凳上，将弹力带绕过肩部，两手握住弹力带两端，胸肌用力，向上拉动弹力带至与肩同宽，手臂伸直，掌心向前，停留 1 秒；屈肘，双手慢慢下降至起始位置。建议每组 6 个，每次做 8 组。

动作要点:

1. 感受胸部肌肉发力；
2. 上举时吸气，下放时呼气。

易错纠错:

用力时不要掌心向上。

主要锻炼肌肉群 **胸大肌**
同步锻炼肌肉群 **三角肌和肱三头肌**

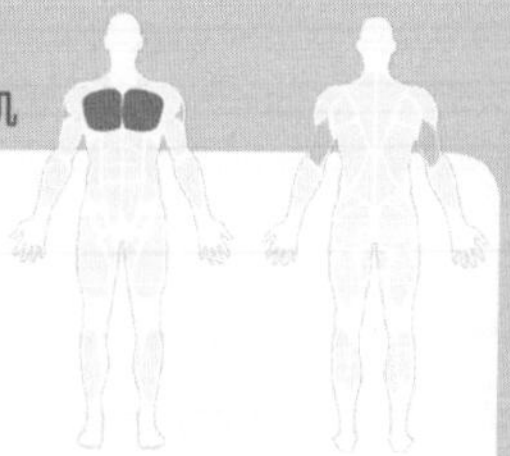

升阶

大重量哑铃卧推

动作过程：

仰卧在长凳上，双腿自然分开，双脚平放，两肘弯曲，握住哑铃，拳眼相对，哑铃的轴线与乳头位置同高，抵住胸部；向上推起，略向前偏，手臂推直内收，停留 1 秒钟，手臂向两侧张开慢慢弯曲，哑铃垂直落下，下降至大臂和身体同一水平时，恢复至起始位置。建议每组 12 个，每次做 4 组。

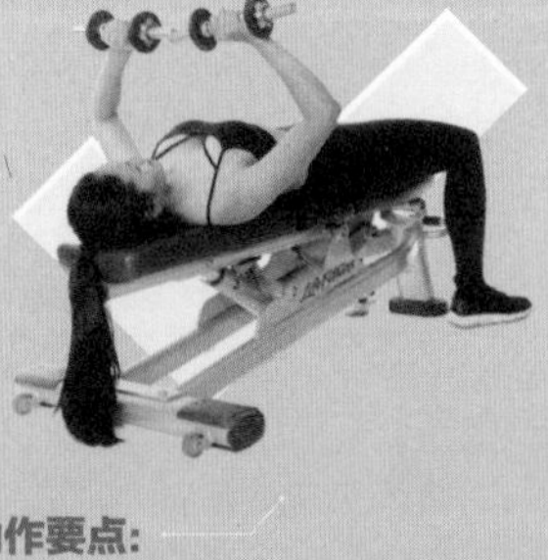

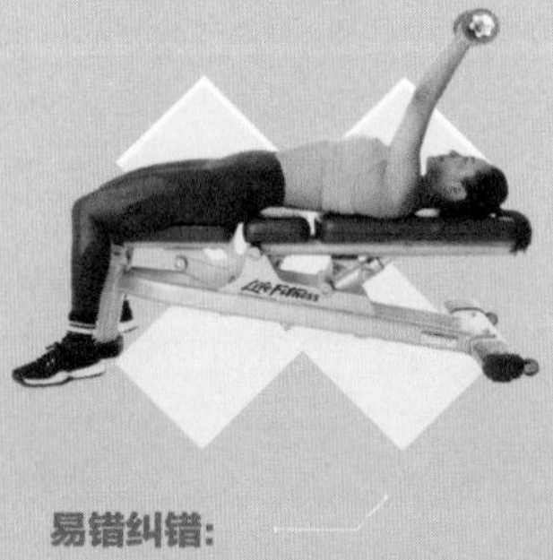

动作要点：

1. 选择合适的重量，让哑铃重心至地面的垂直线通过手腕；
2. 收紧肩胛骨；
3. 上举时吸气，下放时呼气。

易错纠错：

1. 哑铃推起后手臂应垂直于身体；
2. 哑铃应下落至身体所在水平面。

4.

甩掉腰部赘肉 轻松收获小蛮腰

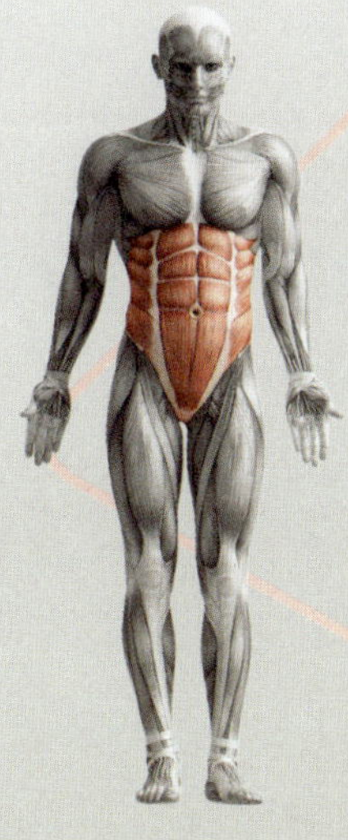

女性形体突出曲线美，从侧面看，胸部向前凸出，臀部向后凸出，腰腹平坦，形成S形曲线。从正面看，肩部和髋部较宽，腰部较细，形成X形的曲线，可见无论从正面还是侧面，腰都是完美体态的核心点。

腹部肌群主要包含腹直肌、腹横肌及腹斜肌。要塑造平坦的腹部，首先要保持收腹的好习惯，其次要持之以恒的进行科学有效的体育锻炼。

刘秋宏

短道速滑世界冠军刘秋宏跟我们分享几个在瑜伽垫上就能完成的腰腹部肌群训练动作。

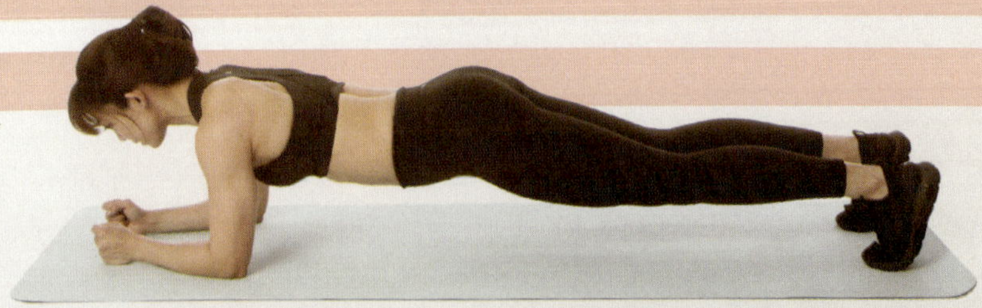

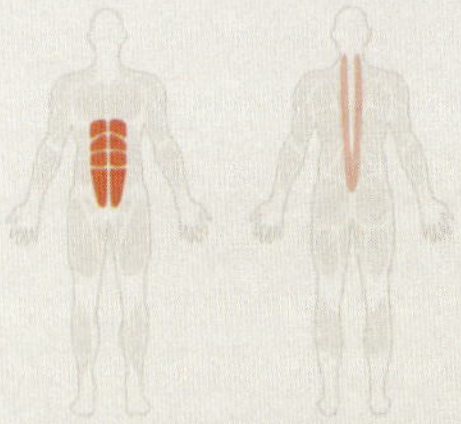

主要锻炼肌肉群
腹横肌

同步锻炼肌肉群
竖脊肌

1

标准

平板支撑

扫码观看视频教程

降阶

跪姿平板支撑

扫码观看视频教程

升阶

平板侧支撑

扫码观看视频教程

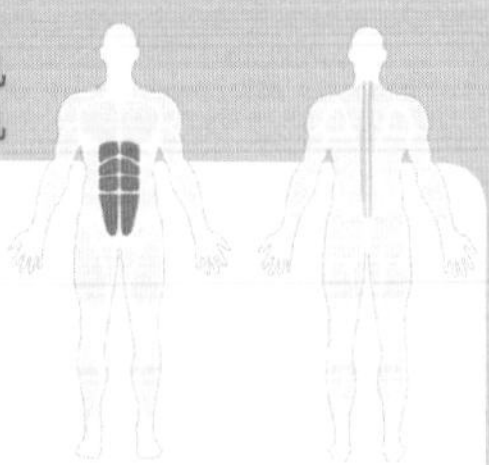

标准 平板支撑

动作过程：

俯卧姿势，双肘弯曲支撑在地面上，肘关节垂直于地面，双脚与髋同宽，脚面垂直于地面，脚尖支撑地面；身体离开地面，躯干伸直，颈部保持自然放松。头部、肩部、髋部和踝部保持在同一平面，腹肌收紧，肩胛骨下压收紧，盆底肌收紧，眼睛看向地面。建议每组保持 1 分钟，每次做 3 组。

动作要点：

1. 身体挺直，收紧腹部；
2. 肘关节和肩关节与身体都要保持直角；
3. 保持均匀呼吸；
4. 保持下巴与颈部夹角不变。

易错纠错：

1. 避免身体晃动；
2. 不要塌腰；
3. 不要驼背。

主要锻炼肌肉群 **腹横肌**
同步锻炼肌肉群 **竖脊肌**

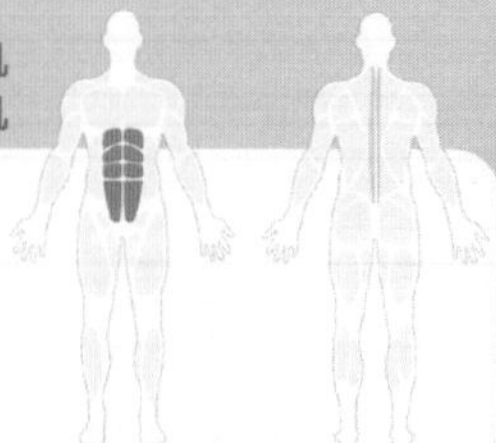

降阶

跪姿平板支撑

动作过程：

俯卧姿势，双肘、双膝弯曲支撑在地面上，肘关节垂直于地面与肩同宽；腹部收紧，头部、颈部和背部保持一条直线，颈部保持自然放松，头部保持中立位，微微收下巴，眼睛看着地面。建议每组保持 1 分钟，每次做 3 组。

动作要点：

1. 感受腹横肌的作用力；
2. 均匀呼吸；
3. 收紧腹部。

易错纠错：

避免弓背塌腰和撅屁股。

主要锻炼肌肉群 **腹横肌**
同步锻炼肌肉群 **竖脊肌**

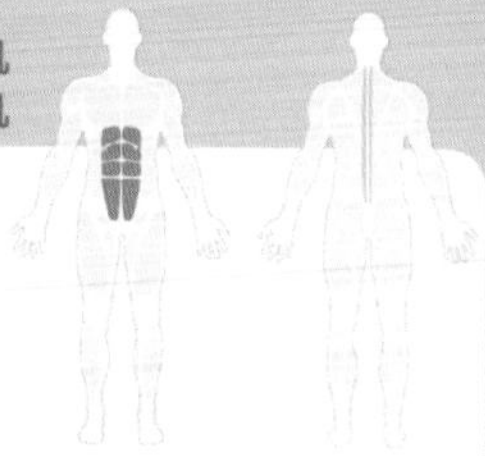

升阶

平板侧支撑

动作过程：

做好标准的平板支撑动作姿势后，身体向一侧旋转 90°，使肩部与地面垂直，抬起的一侧手臂放于身侧，让另一侧前臂支撑身体重量，大臂依旧与地面垂直，肩部位于肘部正上方。双脚一前一后点地，腰部挺直，保持核心收紧，使身体保持一条直线。建议每组保持 1 分钟，每次 3 组。

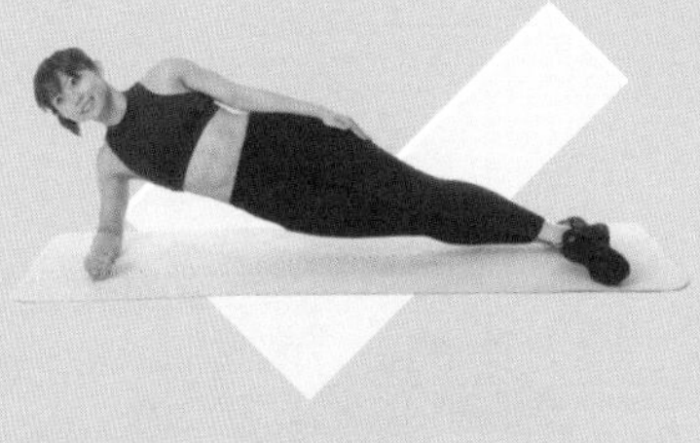

动作要点：

1. 收紧臀部和肩胛；
2. 保持脊柱中立。

易错纠错：

1. 屁股不要向后撅；
2. 髋部不要过高或过低。

标准

2 坐姿百次拍击

扫码观看视频教程

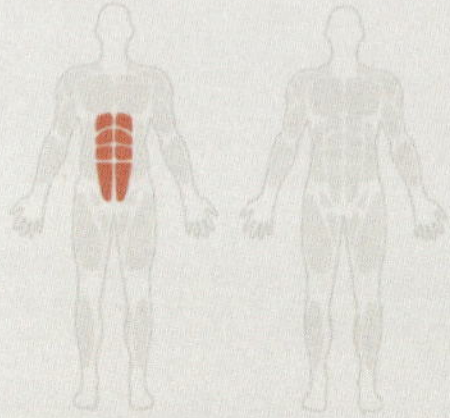

主要锻炼肌肉群

腹直肌

降阶

V 字支撑

扫码观看视频教程

升阶

坐姿俄罗斯转体

扫码观看视频教程

| 主要锻炼肌肉群 **腹直肌**

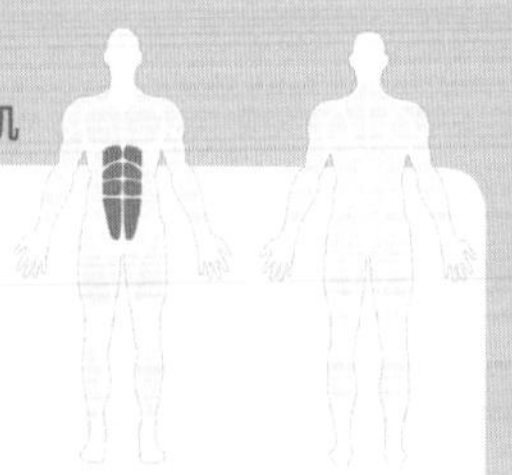

标准

坐姿百次拍击

动作过程：

坐在瑜伽垫上，双腿并拢抬高，收紧腹部，双臂自然伸直置于身体两侧，掌心向下，挺胸抬头，眼睛平视前方；双臂摆动向上至膝盖位置，上身保持稳定，小幅度做上下拍击动作。建议每组保持 15 秒，每次做 5 组。

动作要点：

1. 均匀呼吸；
2. 保持身体稳定。

易错纠错：

1. 不要含胸弓背；
2. 双手拍击幅度不要太大。

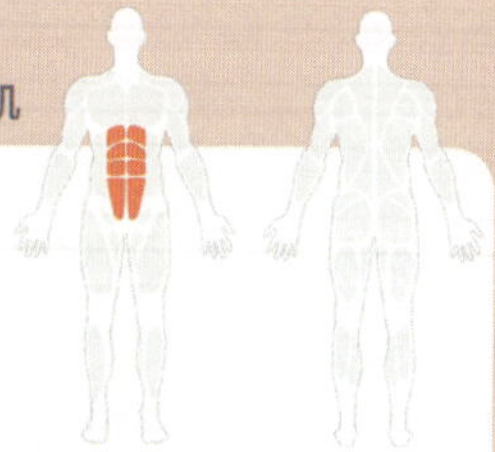

降阶

V 字支撑

动作过程：

坐在垫子上，腰背挺直，目视前方，双膝弯曲，双臂自然伸直置于体侧，掌心向下；收紧腹部，双腿并拢抬高，保持躯干稳定和双臂伸直，双臂与膝盖平齐，上身保持稳定，保持 30 秒，恢复起始姿势。建议每次做 5 组。

动作要点：

1. 均匀呼吸；
2. 绷紧腹部，背部挺直。

易错纠错：

不要含胸弓背。

主要锻炼肌肉群 **腹直肌**

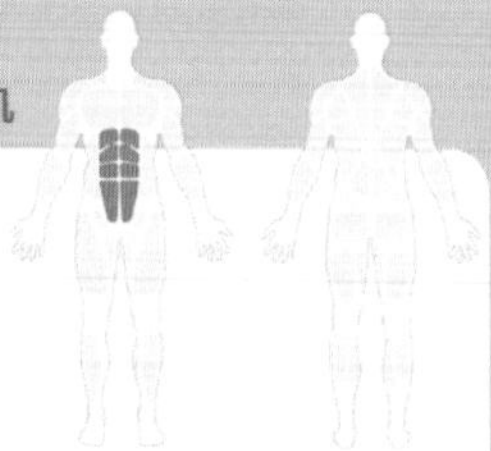

升阶

坐姿俄罗斯转体

动作过程：

坐在瑜伽垫上，双腿弯曲置于身体前侧；上身略微后倾，屈膝 90° 抬起双腿，使上身与大腿呈 V 字形，保持腿部固定，上身向一侧转动，直至身体扭转到极限，停留 1 秒，回到起始位置。两侧交替做动作，建议每组 20 个，每次做 5 组。

动作要点：

1. 收紧腹部，保持下半身稳定不动；
2. 转体时呼气，还原时吸气。

易错纠错：

不要只转动手臂而身体不动。

3

标准

仰卧交替抬腿

扫码观看视频教程

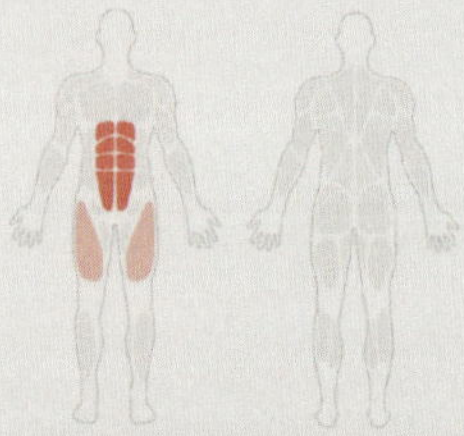

主要锻炼肌肉群
腹直肌下部

同步锻炼肌肉群
股四头肌

降阶

仰卧踩单车

扫码观看视频教程

升阶

俯身登山

扫码观看视频教程

主要锻炼肌肉群 **腹直肌下部**
同步锻炼肌肉群 **股四头肌**

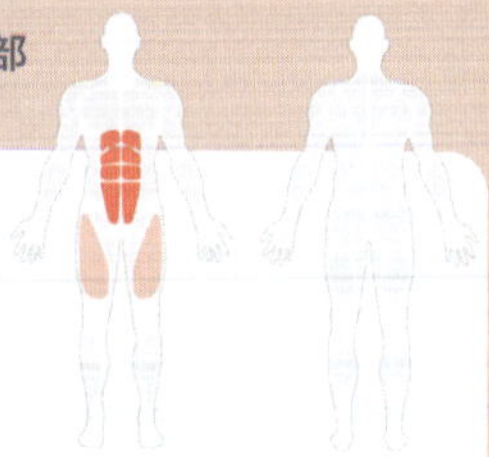

标准

仰卧交替抬腿

动作过程：

平躺在瑜伽垫上，双手伸直放在身体两侧，掌心向下。双腿略微弯曲，抬起至离地大约 10 厘米；保持下背部贴地，一条腿上抬到与地面呈约 45°，另一条腿略微下降。双腿快速交替重复以上动作。建议每组保持 30 秒，每次做 3 组。

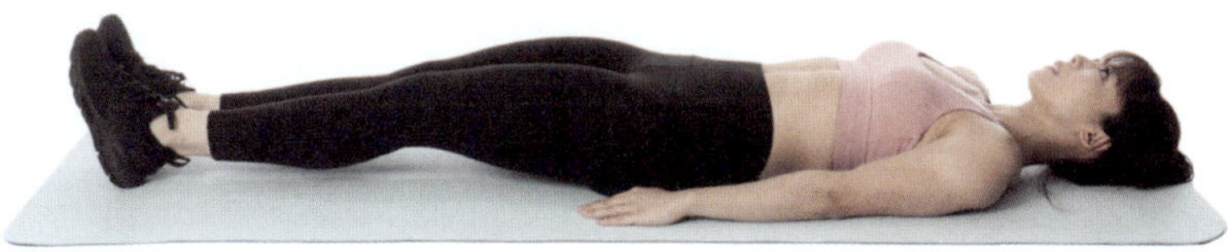

动作要点：

1. 腰背部始终贴紧地面；
2. 收紧腹部，上半身放松。

易错纠错：

头部不要离开地面。

主要锻炼肌肉群 **腹直肌下部**
同步锻炼肌肉群 **股四头肌**

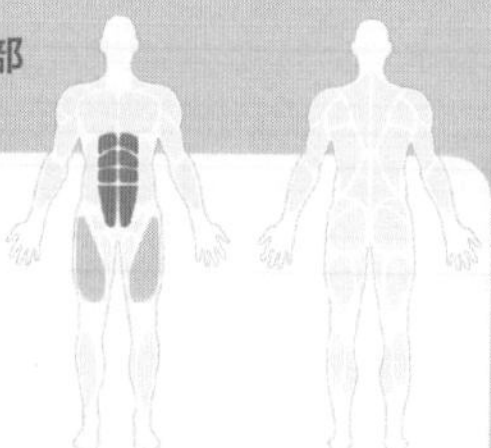

降阶

仰卧踩单车

动作过程:

平躺在瑜伽垫上，双手伸直放在身体两侧，掌心向下。举起双腿，在空中做蹬自行车的动作。建议每组保持 30 秒，每次做 5 组。

动作要点:

1. 蹬腿时，腿部尽量伸直；
2. 提膝时，膝盖尽量靠近胸部。

易错纠错:

蹬腿时，腿部没有伸直。

主要锻炼肌肉群 **腹直肌下部**
同步锻炼肌肉群 **股四头肌**

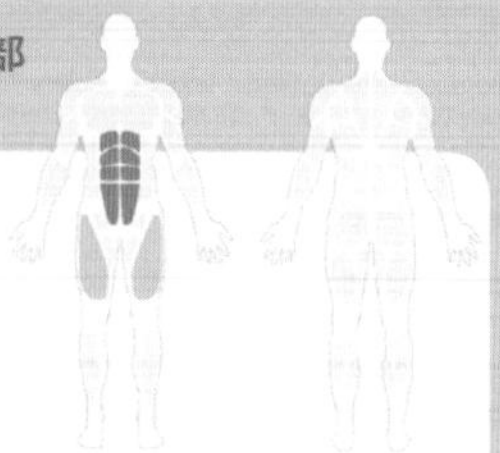

升阶

俯身登山

动作过程:

俯身撑在地板上，身体挺直，腹部收紧，脚尖着地。手臂伸直支撑身体，双手间距与肩同宽。将全身重量置于手掌和前脚掌上，身体呈一条直线。利用腿部肌肉带动单腿膝盖抬起，往前靠近胸部，达到极限后还原，并换另一只脚抬起。建议两侧每组完成 15 个，每次做 5 组。

动作要点:

1. 抬腿时，腹肌收缩发力；
2. 保持背部平行于地面；
3. 保持均匀呼吸。

易错纠错:

1. 不要将臀部抬得过高；
2. 不要塌腰。

5.

纠正含胸驼背 打造完美背部线条

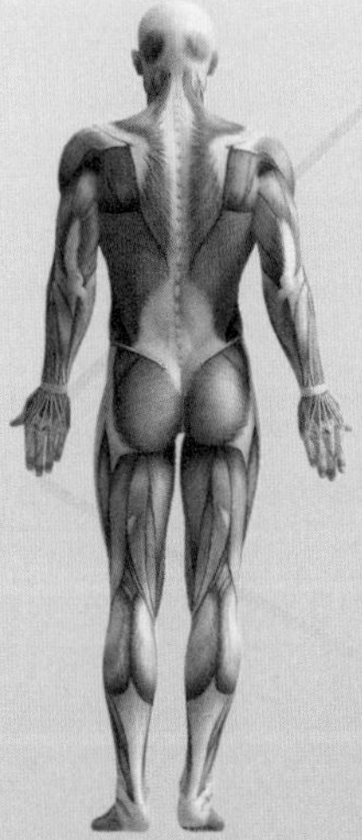

健美的背部形态，从后面看，应是左右对称，线条挺拔，上宽下窄的倒三角形，三围比例适中，有一种曲线之美。不少女生都有含胸驼背的问题，不仅会导致肩颈酸痛，影响身体健康，同时有损女神气质影响形象。

肩部肌肉主要有三角肌、冈上肌、冈下肌、大小圆肌及肩胛下肌；背部肌肉主要以斜方肌和背阔肌等肌群为主。

叶奥婷

羽毛球全国冠军叶奥婷跟我们分享几个她平时训练经常会用到的肩背肌群训练动作。

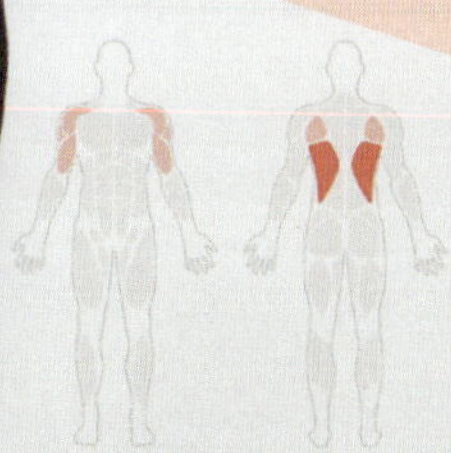

1 标准 哑铃俯身划船

扫码观看视频教程

主要锻炼肌肉群
中背部肌群

同步锻炼肌肉群
肱二头肌、肩部肌群、背阔肌

降阶

弹力带划船

扫码观看视频教程

升阶

大重量哑铃俯身划船

扫码观看视频教程

主要锻炼肌肉群 **中背部肌群**
同步锻炼肌肉群 **肱二头肌、肩部肌群、背阔肌**

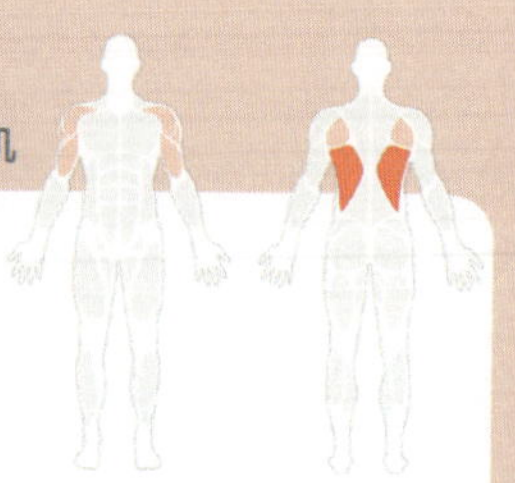

标准

哑铃俯身划船

动作过程：

双手各持一只哑铃，上身前倾，膝盖略微弯曲，臀部向后，弯腰并保持背部挺直，使上身几乎和地面平行。双臂自然下垂，掌心相对，抬头目视前方；肩胛收缩，肘部贴紧身体，将哑铃快速上提至身体两侧，在顶端保持背部肌肉收紧，停留 1 秒，缓速还原。建议每组 8 个，每次做 6 组。

如果觉得哑铃俯身划船动作太轻松，可以适当增加哑铃重量。

动作要点：

1. 上拉时感受后背肌肉的收缩；
2. 上拉哑铃时呼气，还原时吸气。

易错纠错：

1. 不要晃动身体；
2. 不要弓背。

主要锻炼肌肉群 **中背部肌群**

同步锻炼肌肉群 **肱二头肌、肩部肌群、背阔肌**

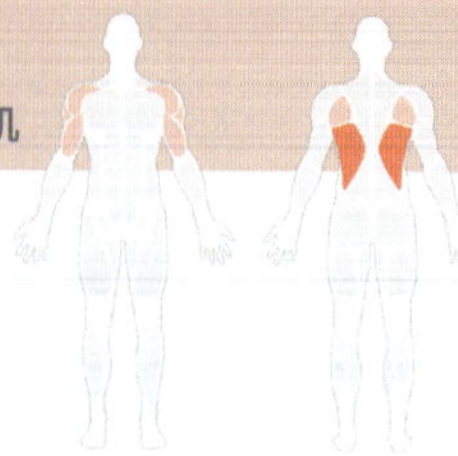

降阶 弹力带划船

动作过程：

将弹力带固定于与胸部同高的位置，俯身，先屈髋再屈膝，背部展平，双手向前伸直，掌心相对抓紧弹力带；背肌发力带动手肘拉动弹力带，后拉时大臂贴近身体一侧，挺胸夹背保持 1 秒；返回时手臂完全伸直，双肩放松拉长背部肌肉，缓速还原。建议每组 6 个，每次做 8 组。

动作要点：

1. 上拉时感受后背肌肉的收缩；
2. 上拉哑铃时呼气，还原时吸气。

易错纠错：

1. 不要耸肩；
2. 不要只用手臂拉。

主要锻炼肌肉群 **中背部肌群**
同步锻炼肌肉群 **肱二头肌、肩部肌群、背阔肌**

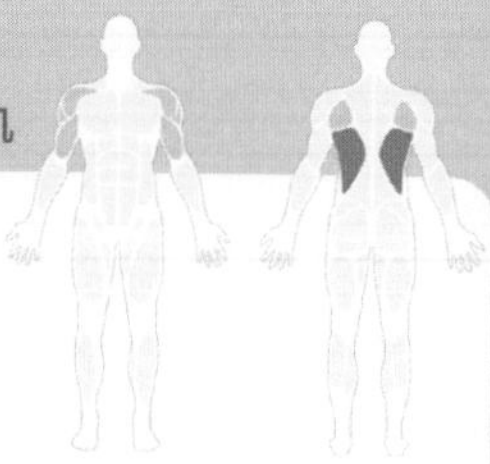

升阶 大重量哑铃俯身划船

动作过程：

双脚分开，俯身约 90°，双手对握哑铃，保持背部挺直，双臂自然下垂，抬头目视前方；肩胛收缩，肘部贴紧身体，夹肘上拉哑铃至腹部两侧，在顶端保持背部肌肉收紧，最高点时停留 1 秒，缓速还原。建议每组 12 个，每次做 4 组。

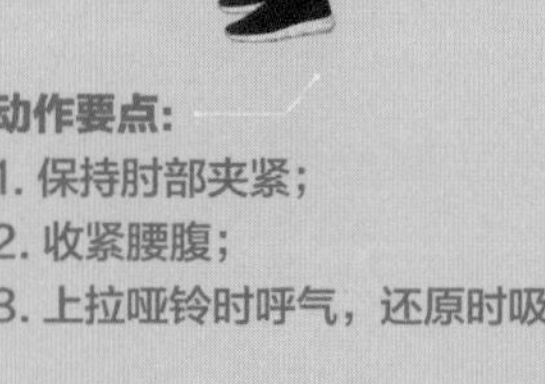

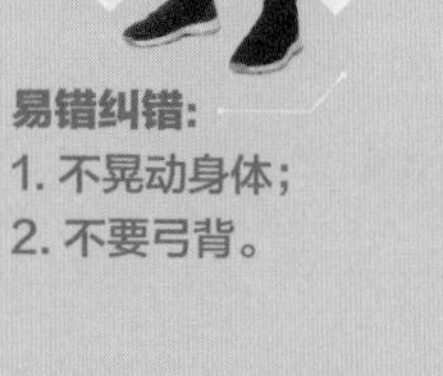

动作要点：

1. 保持肘部夹紧；
2. 收紧腰腹；
3. 上拉哑铃时呼气，还原时吸气。

易错纠错：

1. 不晃动身体；
2. 不要弓背。

2

标准

90°
哑铃肩外旋

扫码观看视频教程

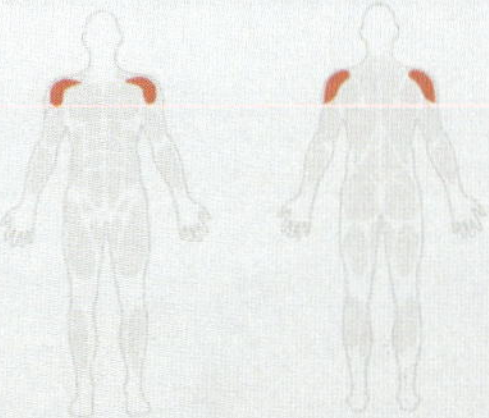

主要锻炼肌肉群
肩袖肌群

降阶

弹力带肩外旋

扫码观看视频教程

升阶

哑铃推举

扫码观看视频教程

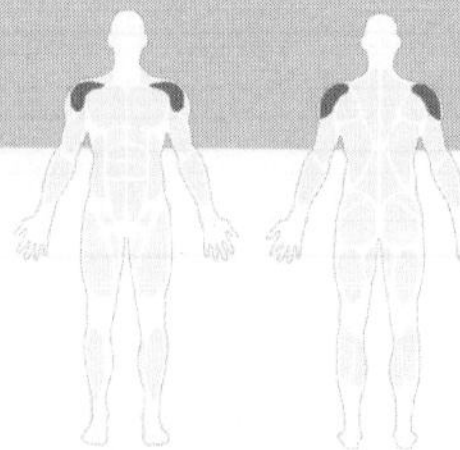

标准

90° 哑铃肩外旋

动作过程：

身体直立，挺胸，收紧腹部，双手持铃，拳心向下，大臂抬至与地面平行，小臂与大臂呈 90°；肩部主动发力，以大臂为轴，将小臂向上旋转至与地面垂直，停留 1 秒，缓慢还原。建议每组 8 个，每次做 6 组。

动作要点：

1. 小臂上行过程中呼气，下放过程中吸气；
2. 感受肩后侧及大臂与背相连的部位有明显收缩感。

易错纠错：

1. 双肘不要外展；
2. 身体不要晃动。

主要锻炼肌肉群 **肩袖肌群**

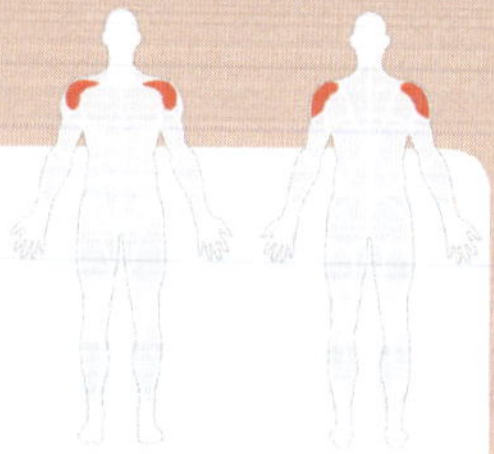

降阶

弹力带肩外旋

动作过程：

身体直立，挺胸，收紧腹部，脚踩弹力带，掌心向下握住弹力带两端，屈肘 90°，拉动手臂与地面平行；肩部主动发力，以大臂为轴，将小臂向上旋转至与地面垂直，停留 1 秒，缓速还原。建议每组 6 个，每次做 8 组。

动作要点：

1. 保持身体中立位，核心收紧；
2. 调整弹力带在合适的弹力范围内，全程保持弹力带张力。

易错纠错：

肘关节夹角不应过小。

主要锻炼肌肉群 **肩袖肌群**

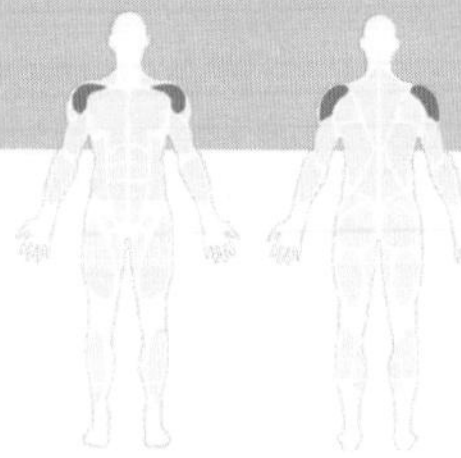

升阶

哑铃推举

动作过程：

身体直立，两手各拿一只哑铃，高度与下巴齐平，掌心朝前，手肘向外；用肩部力量将哑铃竖直推起，举过头顶，在顶端将哑铃向中间靠拢，以此挤压肩部并停留 1 秒，缓速还原。建议每组 12 个，每次做 4 组。

动作要点：

1. 保持大臂和小臂的夹角为 90°；
2. 动作过程中收紧腰腹；
3. 上举时呼气，下放时吸气。

易错纠错：

肘关节不要锁死。

3

标准

哑铃交替前平举

扫码观看视频教程

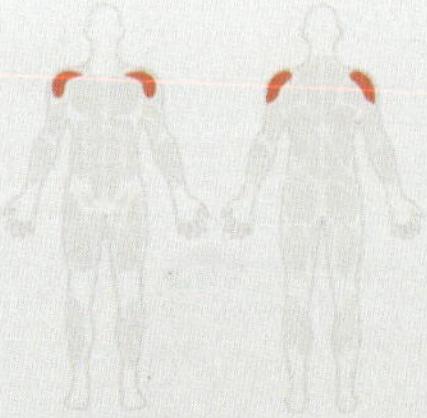

主要锻炼肌肉群

三角肌前束

降阶

弹力带前平举

扫码观看视频教程

升阶

大重量哑铃交替前平举

扫码观看视频教程

主要锻炼肌肉群 **三角肌前束**

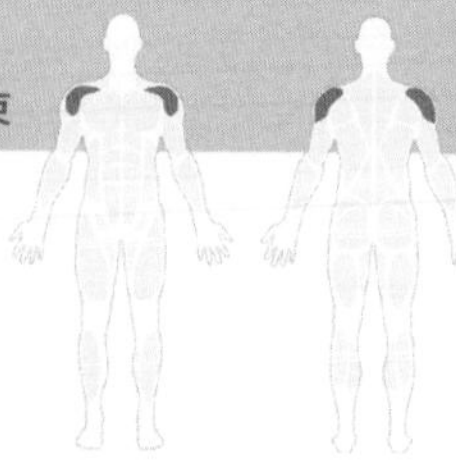

标准 哑铃交替前平举

动作过程：

双手各持一只哑铃，身体直立。将哑铃垂在大腿前侧，手臂自然伸直，掌心朝向大腿。肘部略微弯曲，使用肩部的力量将一只哑铃缓缓向前方平举，直至手臂与地面平行，掌心向下。在顶端停留 1 秒，感受肩部的肌肉收缩，然后缓速还原，换另一只手重复以上动作。建议每组 8 个，每次做 6 组。

动作要点：

1. 挺胸，肩胛骨向后缩；
2. 上举和下落时全身保持直立，两臂保持直伸；
3. 上举哑铃呼气，下放吸气。

易错纠错：

1. 不要耸肩；
2. 不要摆动身体。

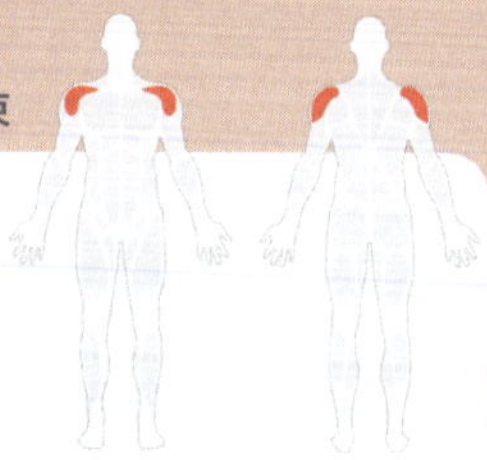

降阶

弹力带前平举

动作过程：

身体直立，两脚分开，单脚踩着弹力带，双手自然下垂并握紧弹力带两端，拳心向后；肩关节固定，肘部略微弯曲，拉直紧握弹力带的一侧大臂至水平位置，在顶端停留 1 秒，缓速还原，换边重复。建议每组 6 个，每次做 8 组。

动作要点：

1. 手肘微屈；
2. 手臂上举时呼气，下放时吸气。

易错纠错：

1. 身体不要晃动借力；
2. 不要上提肩膀。

主要锻炼肌肉群 **三角肌前束**

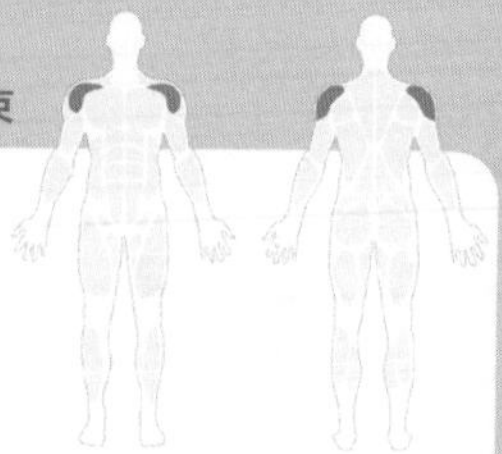

升阶 大重量哑铃交替前平举

动作过程：

自然站立，两手各持哑铃下垂于腿前，手臂自然伸直，掌心向后。肘部略微弯曲，将一侧哑铃缓缓向前上方举起，直至手臂与地面平行，掌心向下，在顶端停留 1 秒，缓速还原，两臂交替重复做。建议每组 12 个，每次做 4 组。

动作要点：

1. 上举和下放时全身保持直立，两臂保持直伸；
2. 上举哑铃时呼气，下放时吸气。

易错纠错：

1. 不要耸肩；
2. 不要上下摆动身体。

4

标准

哑铃组合推举

扫码观看视频教程

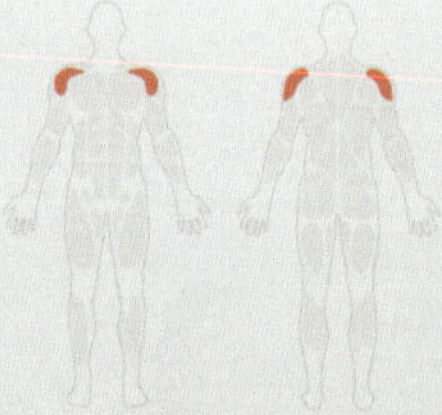

主要锻炼肌肉群
三角肌中束

降阶

弹力带推肩

扫码观看视频教程

升阶

大重量哑铃组合推举

扫码观看视频教程

主要锻炼肌肉群 **三角肌中束**

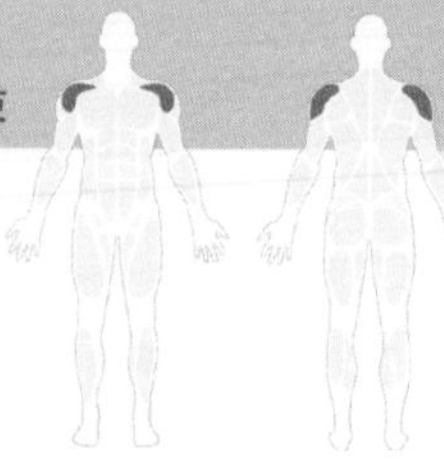

标准

哑铃组合推举

动作过程：

身体直立，挺胸收腹，双手持铃，置于体侧，膝盖微屈，身体微微前倾；收缩三角肌使大臂抬起，拳心向下，然后向上旋转前臂直到垂直地面，推举直到大臂垂直地面，缓慢将哑铃按原动作轨迹下落至胸前，停留 1 秒，缓速还原。建议每组 8 个，每次做 6 组。

动作要点：

1. 推举时呼气，下放时吸气；
2. 收紧并下沉肩胛骨；
3. 向上推的同时双臂稍稍内收。

易错纠错：

1. 不要让肘关节在顶端锁死；
2. 不要弯腰。

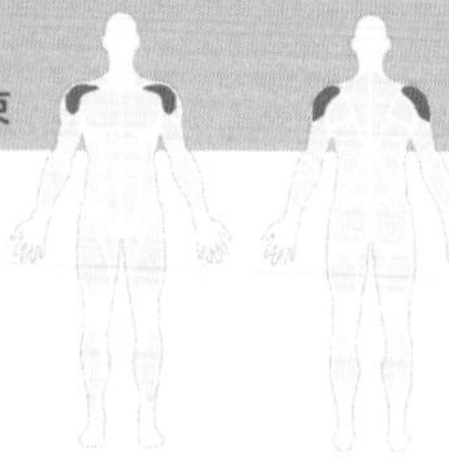

降阶

弹力带推肩

动作过程：

身体直立，挺胸，收紧腹部，弹力带固定于臀部下方，双手握住弹力带两端，屈肘 90°，拉动手臂与地面平行；肩部主动发力，将小臂向上推起至与地面垂直，在动作顶部停留 1 秒，缓速还原。建议每组 6 个，每次做 8 组。

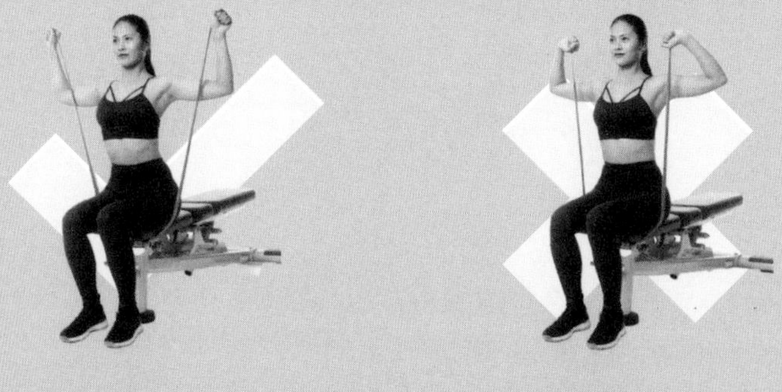

动作要点：

1. 腕关节不可弯曲；
2. 手臂和手肘往下放时，肘关节和肩关节同高。

易错纠错：

肘关节不要锁死。

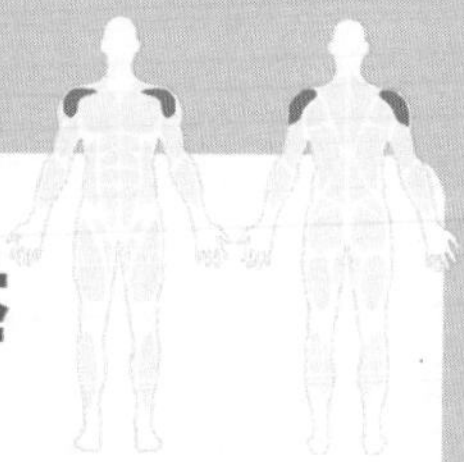

升阶 # 大重量哑铃组合推举

动作过程：

自然站立，挺胸收腹，双手持铃，置于体侧，膝盖微屈，身体微微前倾；收缩三角肌使大臂抬起，拳心向下，旋起前臂直到垂直地面；然后推举，直到大臂垂直地面，缓慢将哑铃按原动作轨迹下落至胸前，停留 1 秒，缓速还原。建议每组 12 个，每次做 4 组。

动作要点：

1. 手肘打开，向上推的同时双臂稍稍内收；
2. 推举时呼气，下放时吸气。

易错纠错：

1. 肘关节位置不要过低；
2. 不要弯腰。

5

标准 / 降阶 / 升阶

划船机

扫码观看视频教程

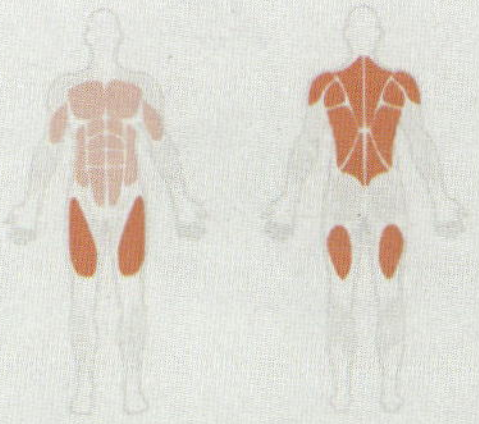

主要锻炼肌肉群
肩背肌群

同步锻炼肌肉群
上肢、胸部、腿部等肌群

如果觉得划船机的动作太吃力或过于轻松，可以通过调节划船机阻力的方法达到更好的锻炼效果。

主要锻炼肌肉群 **肩背肌群**
同步锻炼肌肉群 **上肢、胸部、腿部等肌群**

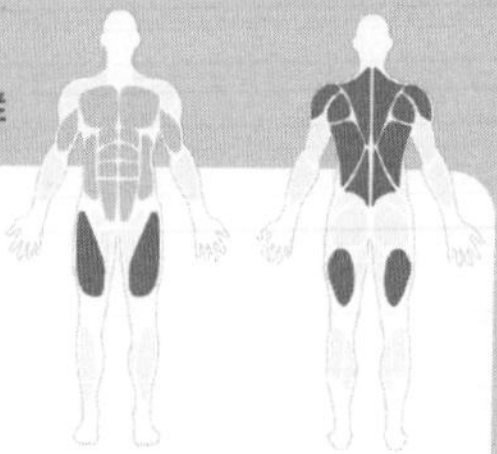

标准/降阶/升阶

划船机

动作过程:

肩部放松，手臂伸直，背部挺直，屈膝使小腿与滑轨成垂直状态。双腿发力蹬脚踏板，同时手臂将握把拉至肋骨下方，腿完全伸直。随后，身体完成前倾且手臂呈放松伸直状态时，再缓缓屈膝，直至恢复起始姿势。建议每次至少坚持20分钟。

如果觉得划船机的训练太吃力或过于轻松，可以通过调节划船机阻力的方法达到更好的锻炼效果。

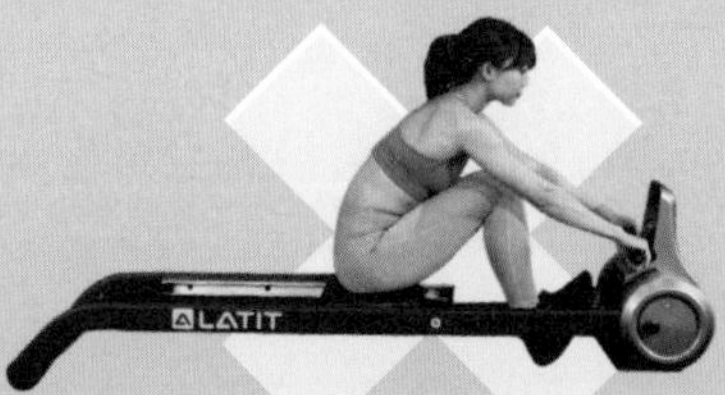

动作要点:

1. 腰背全程保持挺直;
2. 避免利用身体惯性。

易错纠错:

1. 不要弯腰弓背;
2. 不要让握把高于胸部或过于贴近大腿。

6.

结实丰满的臀部 修长有力的腿

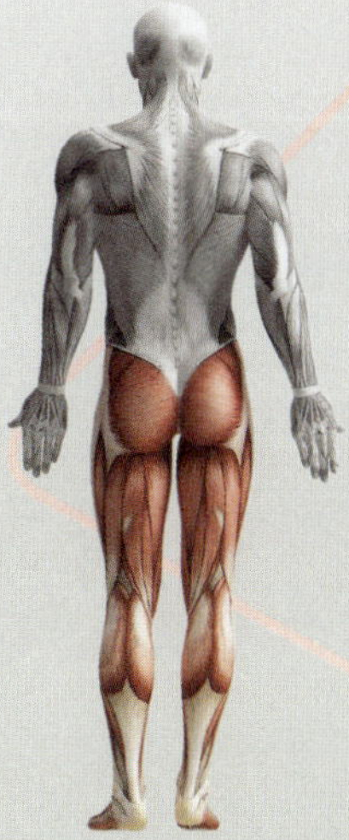

健美的女性臀部从后面看，丰满圆润、略微上翘，臀大肌发达匀称，收缩有力；从侧面看，臀部轮廓饱满，线条流畅明显。健美的腿部应该是肌肉发达匀称，整个线条修长柔和。

臀部主要肌肉群包括臀大肌、臀中肌和臀小肌。腿部肌肉主要包括股四头肌、股二头肌和小腿后侧肌群。

张晓妮

三届全运会女篮冠军张晓妮跟我们分享几个她最喜欢的臀腿部肌群训练动作。

1

标 准

蛀式开合

扫码观看视频教程

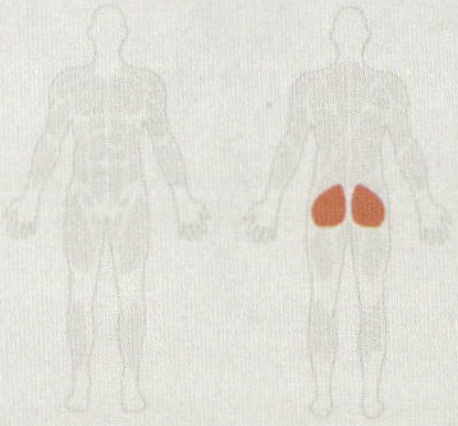

主要锻炼肌肉群

臀中肌

降 阶

侧卧抬腿

扫码观看视频教程

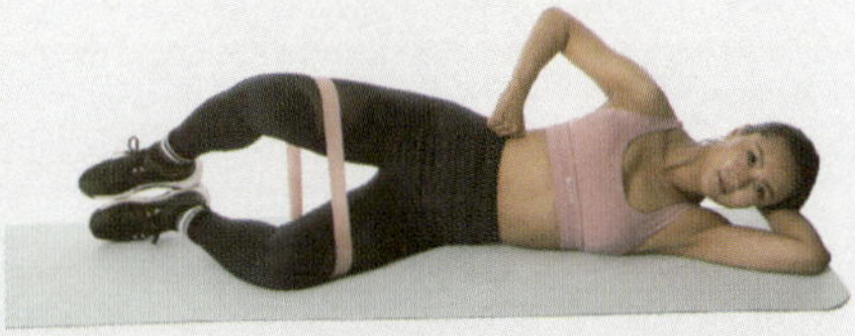

升 阶

弹力带蛀式开合

扫码观看视频教程

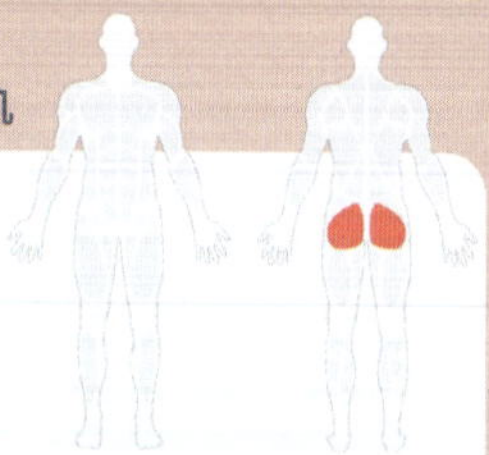

标准

蛙式开合

动作过程：

侧身躺下，用手臂支撑头部，膝盖弯曲，将右腿放在左腿的上方重合；右腿打开向外扩展，感受臀部肌肉群的收缩，将膝盖抬离人体中线。到达顶部时停留 1 秒，然后回到起始位置。建议每组 10 个，每次做 5 组。再右侧卧，交换双腿姿势，重复上述动作。

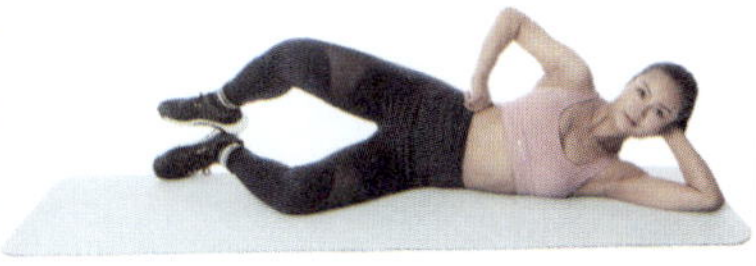

动作要点：

1. 做合的动作时，两膝盖靠近但不接触；
2. 腹部核心向内收紧，动作过程上身要固定。

易错纠错：

1. 双脚不要打开；
2. 骨盆不要旋转。

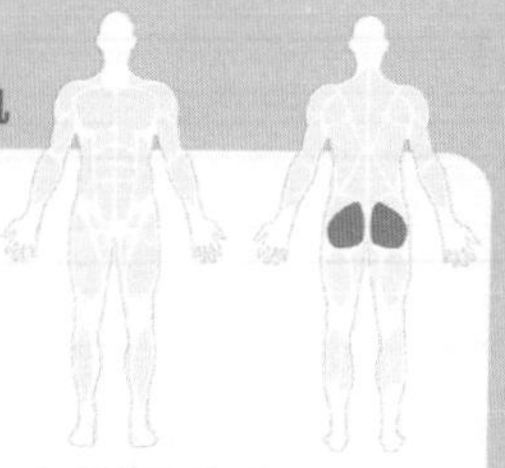

降阶 侧卧抬腿

动作过程:

左侧卧在垫子上，双腿伸直，左手肘撑地，左手撑住头部，右手放在垫子上；臀部外侧发力，右腿朝上抬起，髋部保持不动，右脚踝弯曲；右腿放下，回到起始姿势。建议每组 10 个，每次做 5 组。再右侧卧，交换双腿姿势，重复上述动作。

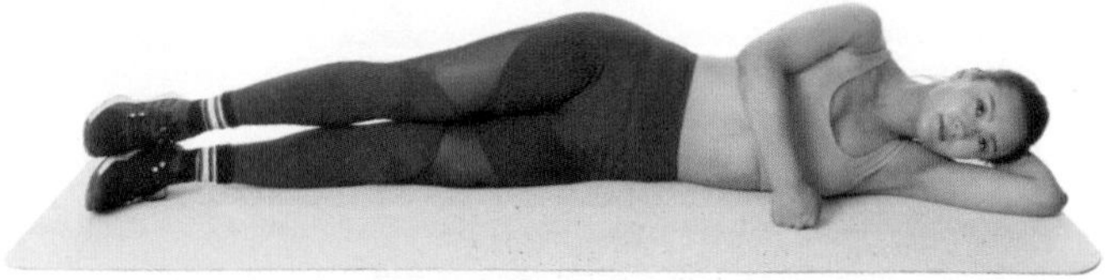

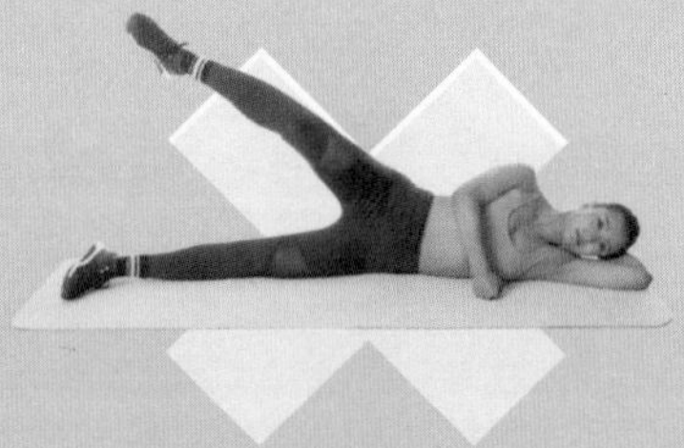

动作要点:

1. 骨盆需要处于中立位；
2. 抬腿时呼气，下放时吸气。

易错纠错:

1. 腿不要抬得太高；
2. 抬腿速度不要太快。

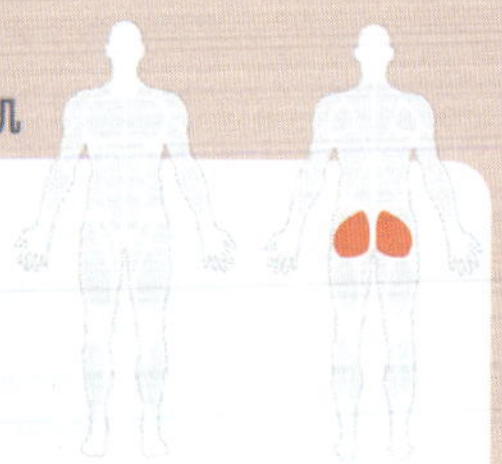

升阶

弹力带蛙式开合

动作过程：

侧卧躺于垫上，弹力带套在膝盖上方；左臂枕于脑下，右手放在腰部。臀部发力使右腿展开膝盖到最大角度，停留 1 秒，缓慢还原，建议每组 10 个，每次做 5 组；换另一侧，重复上述动作。

动作要点：

1. 两脚并拢；
2. 内收吸气，外展呼气；
3. 核心收紧，稳定躯干。

易错纠错：

1. 不要旋转骨盆；
2. 双脚不分开。

2

标准

臀桥

扫码观看视频教程

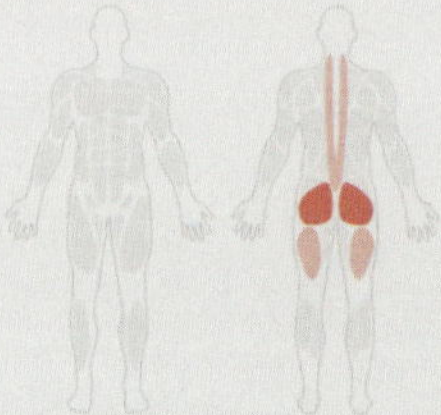

主要锻炼肌肉群

臀大肌

同步锻炼肌肉群

腘绳肌、竖脊肌

降阶

静态臀桥

扫码观看视频教程

升阶

哑铃臀桥

扫码观看视频教程

主要锻炼肌肉群 **臀大肌**
同步锻炼肌肉群 **腘绳肌、竖脊肌**

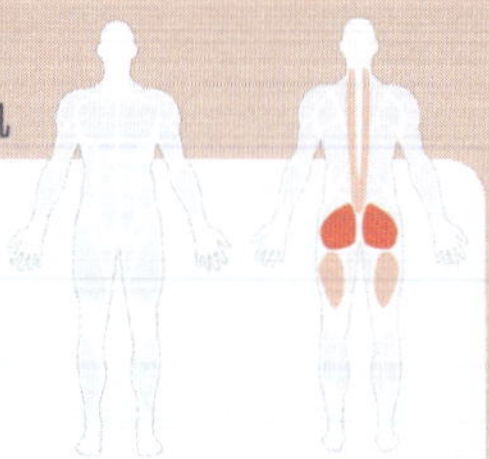

标准

臀桥

动作过程：

仰卧屈膝，双臂置于身体两侧的地面上，掌心向下。髋部向上发力顶起，下背部和大腿也顺带着向上抬起，直到整个躯干从肩部、臀部到膝盖基本处在一条直线上。臀部用力，缓慢而有控制地还原至起始位置。建议每组 10 个，每次做 5 组。

动作要点：

1. 臀部持续紧张；
2. 身体上拉至最高点时躯干与大腿在同一直线上。

易错纠错：

臀部抬起时膝盖间距不要太大。

主要锻炼肌肉群 **臀大肌**
同步锻炼肌肉群 **腘绳肌、竖脊肌**

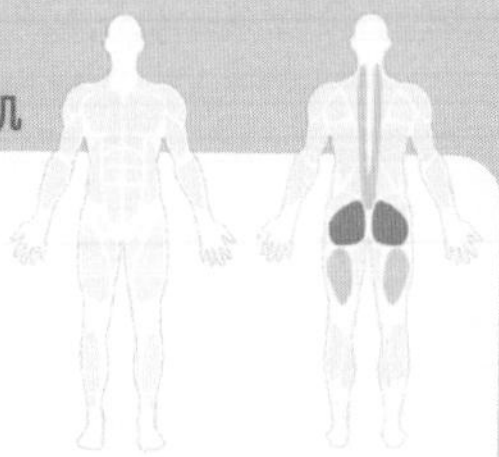

降阶

静态臀桥

动作过程：

屈膝，仰卧在瑜伽垫上，双脚间距略大于肩宽，双臂向两侧分开放在地面上；臀部夹紧向上发力，以肩和上背为支点，双脚为另一个支点，将髋部向上顶起，下背部和大腿也顺带着向上抬起，直到整个躯干从肩部到膝盖基本处在一条直线上，并与小腿大致垂直。建议每组坚持 30 秒，每次做 5 组。

动作要点：

1. 过程中双脚、肩和上背、双臂均保持静止；
2. 最高点时躯干与大腿在同一直线上。

易错纠错：

1. 不要过度挺腰；
2. 身体不要突然下坠。

主要锻炼肌肉群 **臀大肌**
同步锻炼肌肉群 **腘绳肌、竖脊肌**

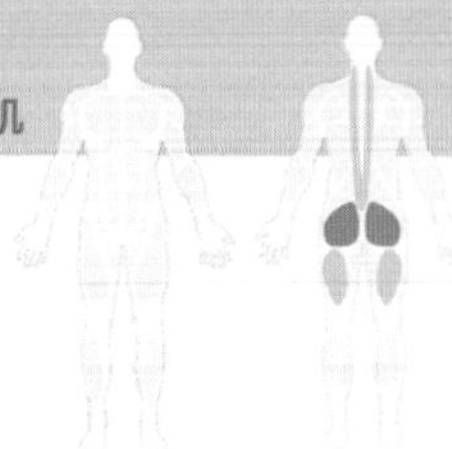

升阶

哑铃臀桥

动作过程：

仰卧在瑜伽垫上，屈膝，双腿分开与肩同宽；核心收紧，上背部支撑，肩胛骨后缩下沉，双手对握哑铃，置于下腹部；上背部支撑地面，收缩臀部，将臀部抬离地面，当抬到大腿与身体呈一条直线时，停留 1 秒，主动地收缩挤压臀部，然后缓慢下落至起始位置。建议每组 10 个，每次做 5 组。

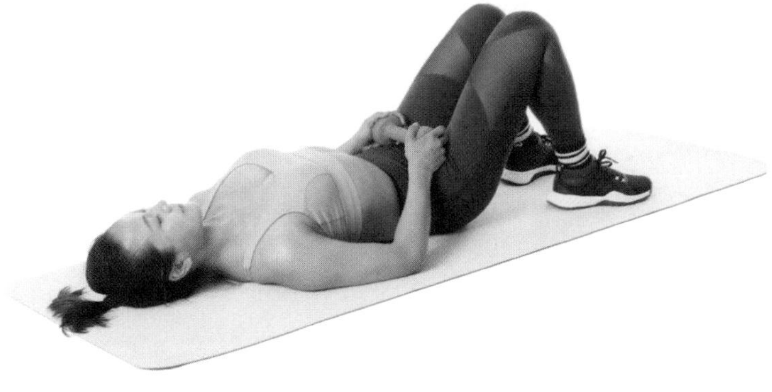

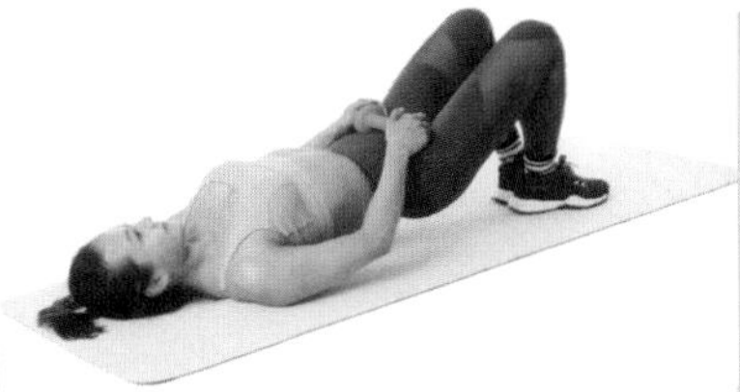

动作要点：

1. 臀部抬至最高点时，躯干与大腿呈一条直线；
2. 下放时控制动作速度。

易错纠错：

颈部不要发力。

3

标准
跪姿后抬腿

扫码观看视频教程

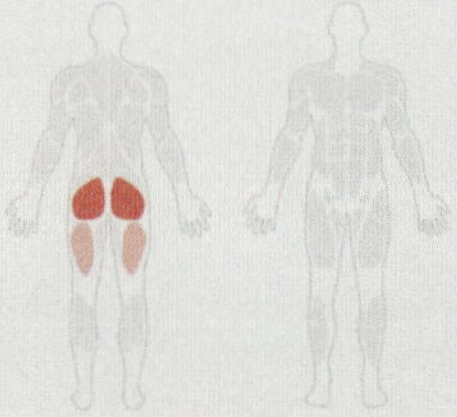

主要锻炼肌肉群
臀大肌

同步锻炼肌肉群
腘绳肌

降阶
站姿后抬腿

扫码观看视频教程

升阶
跪姿负重后抬腿

扫码观看视频教程

主要锻炼肌肉群 **臀大肌**
同步锻炼肌肉群 **腘绳肌**

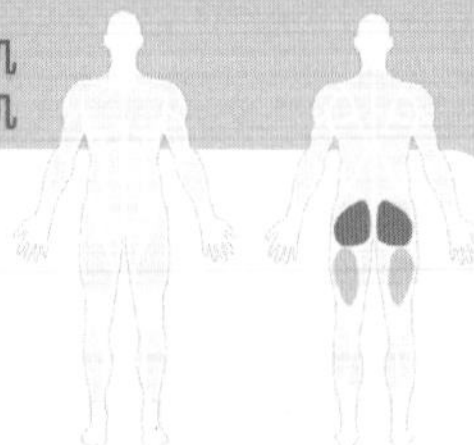

标准

跪姿后抬腿

动作过程：

跪姿，双臂双膝支撑，手肘微微弯曲，屈膝，收紧腹部并保持身体核心稳定，肩膀与髋部应呈一直线；将其中一条腿向上抬，膝盖保持弯曲，到顶端后停留 1 秒，缓速还原，回到起始位置，建议每组 10 个，每次做 5 组。再换另一条腿重复上述动作。

动作要点：

1. 挺胸收腹，腰背平直，臀部持续紧张；
2. 下降到膝盖微微碰到地面时就可以。

易错纠错：

身体不要晃动。

主要锻炼肌肉群 **臀大肌**
同步锻炼肌肉群 **腘绳肌**

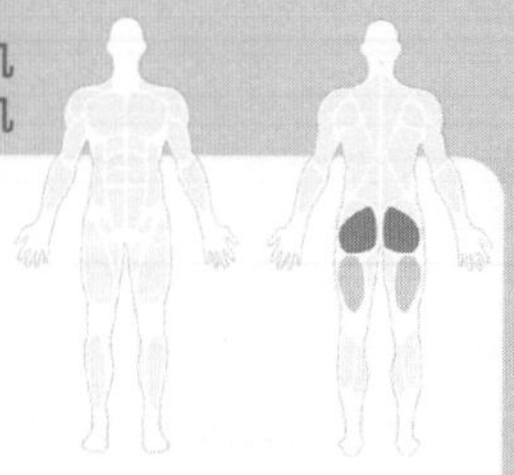

降阶 站姿后抬腿

动作过程：

身体保持直立，髋关节稳定，双脚并拢；重心脚放到右侧，找到臀部收紧的感觉，绷住脚尖，臀部发力，将左脚向斜后方踢出去，停留 1 秒，缓速还原。建议每组 10 个，每次做 5 组。换另一条腿重复上述动作。

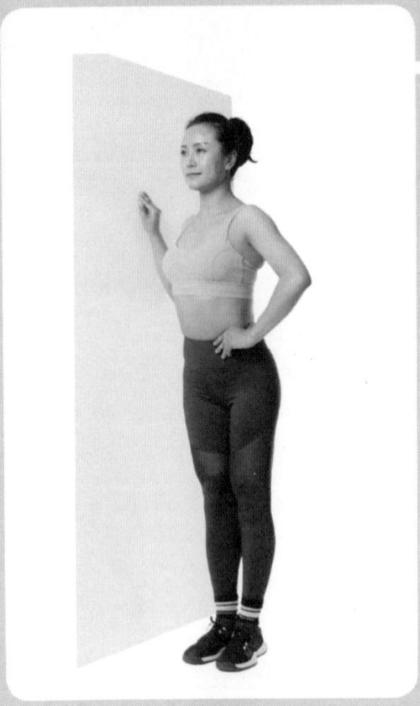

动作要点：

1. 膝盖要弯曲，角度固定；
2. 收紧臀部；
3. 呼气时踢出，吸气时轻轻落下。

易错纠错：

1. 后踢腿高度不宜过高；
2. 身体不要前倾。

主要锻炼肌肉群 **臀大肌**
同步锻炼肌肉群 **腘绳肌**

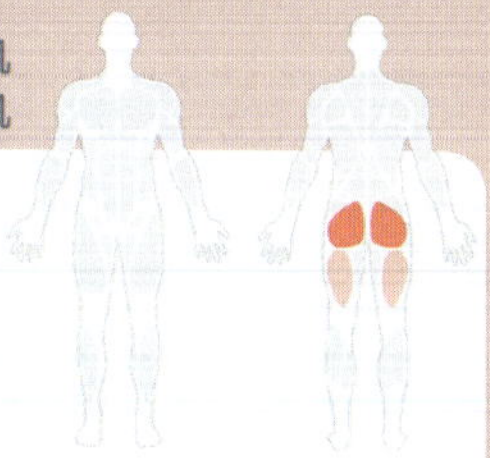

升阶

跪姿负重后抬腿

动作过程：

俯身，双臂伸直位于肩部正下方，背部挺直，核心收紧，一条腿屈膝跪地，另一条腿屈膝夹紧哑铃与支撑腿并拢保持身体稳定；臀大肌发力带动动作腿向后上方抬起，在顶端停留 1 秒，缓速还原。建议每组 10 个，每次做 5 组。换腿重复上述动作。

动作要点：

1. 挺胸收腹，腰背平直；
2. 屈膝夹紧哑铃。

易错纠错：

不要塌腰。

7.

恢复少女般紧致

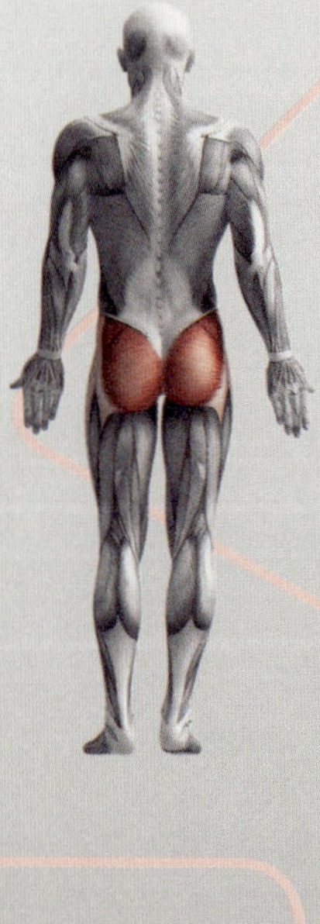

盆底肌是指封闭骨盆底的肌肉群，连接耻骨和尾椎等，支撑着盆腔和腹腔器官，还会协同作用于膀胱、肠和性功能。

女生通过对盆底肌肉及其筋膜的锻炼，可以修复部分肌纤维的断裂。坚持以下运动，可以帮助女生恢复少女般紧致。

黄河娇

知名健身博主黄河娇跟我们分享几个她私家珍藏的盆底肌群训练动作。

1

静态臀桥

扫码观看视频教程

2

仰卧分腿

扫码观看视频教程

3

鸟狗式

扫码观看视频教程

降阶

静态臀桥

动作过程：

屈膝，仰卧在瑜伽垫上，双脚间距略大于肩宽，双臂向两侧分开放在地面上；臀部夹紧向上发力，以肩和上背为支点，双脚为另一个支点，将髋部向上顶起，下背部和大腿也顺带着向上抬起，直到整个躯干从肩部到膝盖基本处在一条直线上，并与小腿大致垂直。建议每组坚持 30 秒，每次做 5 组。

动作要点：

1. 过程中双脚、肩和上背、双臂均保持静止；
2. 最高点时躯干与大腿在同一直线上。

易错纠错：

1. 不要过度挺腰；
2. 身体不要突然下坠。

仰卧分腿

动作过程：

平躺在瑜伽垫上，双臂伸直，掌心向下放在瑜伽垫上，收紧腰腹；膝盖弯曲，抬起双腿，使大腿垂直于地板，小腿平行于地面，腹部收紧，慢慢分开双腿，使两膝向外打开，到达最大位置后停留 1 秒，再慢慢地回到起点。建议每组 10 个，每次做 5 组。

动作要点：

1. 大腿内侧应该有拉伸感；
2. 注意用腹部发力。

易错纠错：

两膝打开后双脚不要并拢。

鸟狗式

动作过程：

俯身跪在瑜伽垫上，大腿和瑜伽垫垂直。双手撑地，保持腰背挺直，头部到臀部的躯干呈一条直线，保持脊柱的稳定中立；尽力向后伸直右侧腿，保持身体平衡，停留 1 秒后放下。建议每组 8 个，每次做 6 组。再换另一侧重复动作。

动作要点：

保持腹部收紧状态。

易错纠错：

1. 不要塌腰或弓背；
2. 眼睛不要向下看着地板。

4

瑜伽环训练 ①

扫码观看视频教程

5

瑜伽环训练 ②

扫码观看视频教程

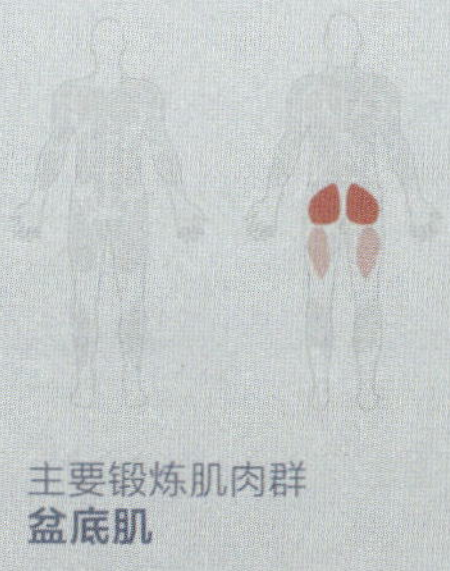

主要锻炼肌肉群

盆底肌

同步锻炼肌肉群

臀部肌群、腘绳肌

瑜伽环训练 ①

动作过程：

身体放松平躺在瑜伽垫上，掌心向下，屈膝，脚平踩在瑜伽垫上，使小腿和大腿呈 45°，把瑜伽环放在膝盖内侧；吐气向内收膝盖压住圈，同时从骨盆的位置一节一节地卷离身体离开地面，让身体侧边形成一个斜面的状态；停留 2 秒，再从胸口逐节落平身体，打开膝盖，还原起始位置。建议每组 10 个，每次做 5 组。

动作要点：

1. 吸气打开膝盖，吐气向内收；
2. 肩胛骨不动。

易错纠错：

手掌不要用力。

瑜伽环训练 ②

动作过程：

坐在瑜伽垫上，双腿伸直，挺胸收腹，两腿分开至 90°或更大，将瑜伽环放在两腿之间，距离上半身一臂长，双手握住一侧手柄；手臂伸直向下压圈，压成一个椭圆形，感受盆底肌和下腹部的收缩，停留 2 秒，缓速还原。建议每组 10 个，每次做 5 组。

动作要点：

1. 手臂伸直下压；
2. 注意用腹部发力。

易错纠错：

不要利用身体惯性下压。

4 运动与营养

4.1 运动+均衡饮食 ——塑造更健康的自己

健身圈有这样的说法“三分练，七分吃”，这句话特别强调了均衡饮食在健康中的重要性。不仅如此，均衡的健康饮食还可以减少肠胃伤害、缓解肠胃负担、增加人体免疫力、降低患病风险，甚至还可以提高记忆力和注意力，提高工作效率。

那什么才是均衡健康的饮食呢?

第一，食物提供的热量可以满足我们日常活动所需。

第二，食物提供的营养素可以满足我们身体所需。

这里，我们重点介绍人体需要的七大营养素。

碳水化合物

碳水化合物是大脑工作、肌肉收缩的重要能量来源质。

蛋白质

蛋白质是构成身体的重要成分，
也是实现身体的重要物质基础。

脂肪

脂肪不仅为我们保暖，还是身体重要的储能物质。

矿物质

矿物质对我们维持身体的酸碱平衡、渗透压
及正常机能十分重要。

维生素

维生素是维持我们生命活动所必需的，
对人体生长、代谢、发育都有重要作用的物质。

水

水是生命之源，又是重要的营养物质
和代谢废物的运输载体。

膳食纤维

膳食纤维具有润肠通便，缓解葡萄糖吸收
和降低胆固醇的作用。

4.2 如何做到均衡合理的膳食搭配

最简便的方法是使用中国营养协会（2016 年）设计的“平衡膳食餐盘”。该餐盘将食物按照谷薯类、鱼肉蛋豆类、水果类、蔬菜类进行区域大小划分，并将奶（及液体）的需求单独建议。按照这个“餐盘”来摄入食物的种类和数量就是最简便易行的均衡合理膳食的搭配哦。

中国居民平衡膳食餐盘（2016）

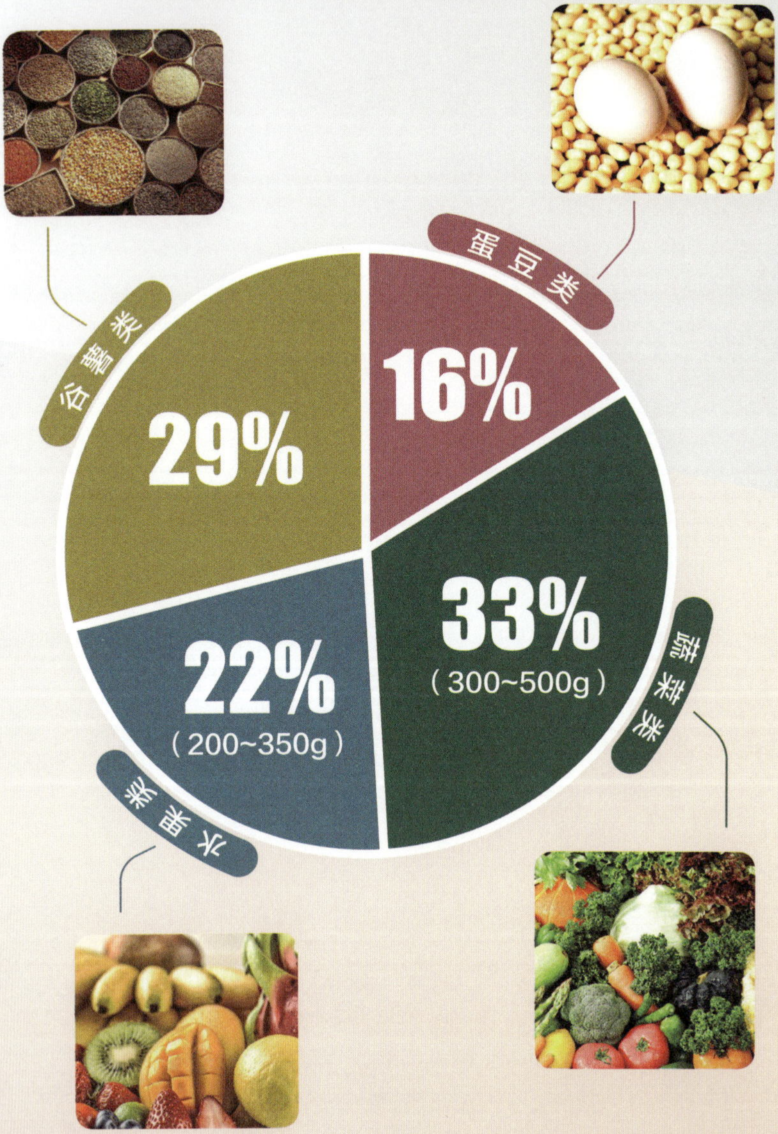

Heidi Skolnik

美国著名运动营养专家 Heidi Skolnik 跟我们分享膳食搭配的经验，告诉你减脂应该怎么吃。

1. 减脂应该怎么吃

① 培养规律的膳食时间安排

一日三餐，如果可以，也推荐一日多餐，可以适当减少每餐的摄入热量，但是千万不能过度节食（热量低于人体的基础代谢需要），因为在节食的时候，我们更多丢失的是水分和肌肉。营养专家都会建议定时、定点、定量饮食。

在两餐之间或睡觉前感觉饥饿时，可吃些含水分多和一定糖分的水果或者是像西红柿这样的一些可生吃的“水果型”蔬菜。俗话说：“早餐吃好、午餐吃饱、晚餐吃少。”不吃早餐很容易低血糖，会促使大脑选择一些高脂肪、高糖分的食物，出现“饥不择食”的情况。也要控制好晚餐的量，尽量在 7 点前吃完，睡前的 3~4 小时拒绝进食。

② 克服减食过程中出现的假饥饿

在减食过程中，可能会出现“饿”的快，想进食的情况。这些现象都是减食过程的正常现象，尤其是当我们减食期间的膳食结构不合理时，就更容易出现这种状况。这是因为肥胖者以往饭量比较大，相对来说胃的容积也比较大，减食以后，由于食物摄入的减少，就可能引发这种“假饥饿”的现象。出现这种情况可选择热量少而体积大的食物，如芹菜、笋、萝卜等，身体适应 1 周左右，会慢慢习惯新的减食方案，这种现象就会逐渐减轻、消失。出现这种情况的时候，也可以吃一些水果或者是粗粮饼干（低油型），帮助减脂者顺利度过这个时期。

③ 吃点脂肪非常必要

很多朋友在减脂期间，会严格地控制油脂的摄入，有时候甚至完全不吃，这是不可取的。因为我们身体需要有必需脂肪酸的供应，而这些必需脂肪酸我们无法自己合成，只能通过食物摄入，并且脂溶性的维生素 A、D、E、K 也是通过溶解在脂肪中被人体摄入的。不仅如此，减肥期间摄入适量的脂肪可以增加饱腹感。但需要注意油脂的摄入量，减少动物性脂肪和饱和脂肪的摄入量，不吃高油的食物，如黄油、油酥点心、肥鹅、烤鸭、花生、核桃等油煎炸食物。

④ 改善食物烹调方法

减脂饮食应避免简单化，在低热量的前提下，所用食物应有饱腹感，并与本人口味和食量相适应。请记住以下特点：猪肉热量要比等量的鱼、虾、鸡、兔高 3~6 倍，切成肉丝、肉末或做成焖排骨（带骨）、酱汁虾（连壳）要比炖肉、炒虾片显得量多而省油；卤鸡蛋、茶叶蛋等在胃里停留时间要比煮鸡蛋、蒸蛋糕、蛋花汤长一倍，更经饱，有助于解决低热量和饱腹感的矛盾；尽量采用蒸、煮、熬、炖、凉拌等烹调方法以减少热量摄入。

⑤ 减少高 GI 食物

GI 也就是“升糖指数”。简单来说，越容易使血糖快速上升的食物，其 GI 值就越高。血糖快速上升后，机体会启动降糖机制，一方面动员血糖去供能，另一方面也会让部分血糖转化成脂肪堆积起来，然后血糖又会快速下降，人会觉得饿，就会想吃东西，如此自然不利于体重控制。因此，在选择食物之前，最好先在网络上搜取一下食物的 GI 值，多选择那些 GI 值在 55 以下的食物，少吃精制碳水或者简单碳水的食物，主食最好粗细杂粮混用，养成吃七八分饱的习惯。如果特别想吃像西瓜这样的高 GI 食物，可以放在运动结束后，这个时候因为肌肉需要糖原的补充，会优先转化为糖原而不是脂肪。

⑥ 尝试短期或间歇性轻断食

在一周的减脂饮食计划中选择 1 天或不连续的 2 天为断食日，其他几天正常吃。研究表明，每周坚持 1~2 天轻断食，不仅可以减轻体重，还有帮助控制血糖、疏解不良情绪、保护大脑、抗衰老等作用。现代人物质生活富足，但是总会忽视“月满则亏，水满则溢”这个道理，适当挨饿，是给生活做减法，减掉“废物”，才能让身体更轻松。

⑦ 坚持记录减肥日记

可以尝试写减脂日记，及时记录吃的每一样东西，计算其热量。经常翻阅一下自己的减脂饮食日记，认真分析吃东西的时间、地点和理由。每天早上空腹称体重一次，可以从体重的变化曲线中，判断食物摄入的热量是否可以满足我们减重的需要，也可以看到变化效果。有助于帮助我们建立继续减重的信心。还可以定期拍摄减重的图片，当自己内心动摇时，可以对比一下自己减肥的前后照片，以坚定信念。

罗 琳

国家一级公共营养师罗琳跟我们分享均衡饮食的经验，告诉你增肌应该怎么吃。

2. 增肌应该怎么吃

① 补充足够的优质蛋白质

蛋白质的来源分为植物性蛋白质和动物性蛋白质两种。其中鸡胸肉、鱼肉、鸡蛋、牛奶及大豆类都是优质蛋白质。但是动物性蛋白质比植物性蛋白质更易吸收、利用率高，所以增肌的时候，我们可以更多的选择动物性蛋白质作为人体主要的蛋白质来源。但是蛋白质也不是摄入得越多越好，如果身体没有足够的抗阻训练，体内用不完的蛋白质也会变成脂肪储存起来。

② 碳水不可少

增肌的膳食计划里面，可以把每日的膳食计划中碳水化合物的量适当提高，甚至可以到60%。首先它是产生能量与储存能量的物质，力量训练时必不可少要做杠铃、哑铃的训练，那么作为能量的来源，富含碳水的食物就很重要。其次碳水代谢胰岛素可以促进肌肉生长，加速蛋白质合成，帮助增肌。

③ 适量加加餐

由于增肌的时候我们需要有超过身体所需的热量盈余，这就要求我们摄入更多的热量。并且推荐在运动前、运动后都可以有适当的加餐，这样可以保证训练强度的同时，也可以保障训练后受损的肌肉有足够的营养恢复。

④ 少量多次吃

将同等食物分成两顿和三顿吃，在能量消耗量上也会有所不同。少量多次可以提高饭后新陈代谢，对于想增加肌肉但又不想增加多余脂肪的人，减少一顿的饭量而增加吃饭的次数可能是最好的。

⑤ 补充维生素

维生素 C 能够促进身体合成胶原蛋白，可以保持关节的健康；维生素 E 可以修复因运动引起的细胞损伤；维生素 B_6 促进身体吸收氨基酸，在训练中能够帮助我们释放生长激素，而且会参与身体的代谢，有助于消除脂肪，紧实肌肉，塑造身体线条；铁能够促进蛋白质的合成；镁元素能防止肌肉痉挛、神经性肌肉功能失调的重要营养物质，也助于促进肌肉的成长；锌元素和钾元素也能帮助肌肉获得更好的成长……因此多补充维生素对肌肉的增长与恢复至关重要。

⑥ 保证充足的水分

饮水是增肌中最容易被忽略但也是最重要的一个方面，脱水会导致头痛、疲劳和肌肉痉挛，也会消耗肌肉，降低能量输出，增加疲劳率，增加受伤的风险，对肌肉的生长和恢复产生负面影响。尤其需要注意在运动前、运动中和运动后的补水，这些水分不仅可以帮助我们有更好的运动状态，还可以帮助我们快速恢复运动造成的脱水。

⑦ 摄入热量高于平时 20% 原则

在运动训练过程中，身体会消耗更多的热量，训练结束后，身体代谢也会比平时高。你需要摄入足够的热量才能保证肌肉有充足的热量可以消耗。如果你平时摄入热量为 2000 大卡，那么增肌期间需要提高 20%，摄入 2400 大卡，太多容易囤积脂肪，太少肌肉没有足够的热量供消耗。我们可以通过监控体重的方式来观察热量是不是够我们增肌的需要，如果体重增长的缓慢，还可以继续增加热量。

3. 一周减脂食谱

D1（轻断食）（女孩 1 人份）

	食谱	热量	总热量
早餐	一片全麦面包 一个煮鸡蛋 一个橘子	61 大卡 /36 克 73 大卡 /53 克 62 大卡 /142 克	585 大卡
午餐	一块煮鸡胸肉 生菜	71 大卡 /60 克 114 大卡 /200 克	
晚餐	一个鸡蛋白 一个苹果 一杯牛奶	18 大卡 /30 克 56 大卡 /106 克 130 大卡 /200 毫升	

D2（女孩 1 人份）

	食谱	热量	总热量
早餐	一杯牛奶 两片全麦面包 一个苹果 三个核桃	130 大卡 /200 毫升 122 千卡 /72 克 56 大卡 /106 克 126 大卡 /18 克	1207 大卡
午餐	一盘炒上海青 三块红烧鱼 半碗蒸南瓜 一碗米饭	159 大卡 /300 克 114 大卡 /114 克 32 大卡 /150 克 116 大卡 /100 克	
晚餐	一碟炒菠菜 一盘麻婆牛肉豆腐 一根香蕉 一碗米饭	24 大卡 /90 克 97 大卡 /100 克 115 大卡 /124 克 116 大卡 /100 克	

D3（女孩 1 人份）

	食谱	热量	总热量
早餐	一杯牛奶 一个煮鸡蛋 一碗杂豆粥 一个青瓜 一根香蕉	130 大卡 /200 毫升 73 大卡 /53 克 54 大卡 /100 毫升 12 千卡 /120 克 82 大卡 /89 克	1202 大卡
午餐	拌西红柿（醋汁） 一碗咖喱牛肉 一份白菜炖豆腐 一碗米饭	47 大卡 /213 克 226 大卡 /200 克 132 大卡 /180 克 116 大卡 /100 克	
晚餐	一盘蒜泥拌黄瓜丝 清蒸鸡胸肉 山药清汤 凉拌茄子 米饭	59 大卡 /200 克 71 大卡 /60 克 24 大卡 /100 克 60 大卡 /150 克 116 大卡 /100 克	

D4（女孩 1 人份）

	食谱	热量	总热量
早餐	一杯牛奶 一个茶叶蛋 一盘炒青菜 一个梨	130 大卡 /200 毫升 73 大卡 /53 克 54 大卡 /100 毫升 12 千卡 /120 克 82 大卡 /89 克	1202 大卡
午餐	一张肉馅鸡蛋饼 一盘豆腐炖芋头 山药清汤 一碗米饭 一个苹果	212 大卡 /100 克 162 大卡 /100 克 24 大卡 /100 克 116 大卡 /100 克 56 大卡 /106 克	
晚餐	一个煮鸡蛋 素炒小白菜 一杯牛奶	73 大卡 /53 克 86 大卡 /200 克 130 大卡 /200 毫升	

D5（轻断食）（女孩 1 人份）

	食谱	热量	总热量
早餐	一个紫薯 一个煮鸡蛋	126 大卡 /95 克 73 大卡 /53 克	500 大卡
午餐	一盘西蓝花炒虾仁	120 大卡 /200 克	
晚餐	一根小玉米 一个苹果	118 大卡 /106 克 56 大卡 /106 克	

D6（女孩 1 人份）

	食谱	热量	总热量
早餐	一杯豆浆 一个茶叶蛋 一根玉米 一个青瓜 两块木瓜	68 大卡 /220 毫升 68 大卡 /50 克 118 大卡 /106 克 12 千卡 /120 克 78 千卡 /129 克	1254 大卡
午餐	一盘炒花菜 一盘芹菜炒牛肉 一个馒头 一个苹果	75 大卡 /150 克 226 大卡 /300 克 114 大卡 /51 克 56 大卡 /106 克	
晚餐	一盘青椒炒猪肝 一盘番茄炒鸡蛋 一份米饭	176 大卡 /200 克 147 大卡 /200 克 116 大卡 /100 克	

D7（女孩 1 人份）

	食谱	热量	总热量
早餐	一碗豆花 一个茶叶蛋 一片全麦面包 十颗毛豆 一个番茄	45 大卡 /300 克 68 大卡 /50 克 91 千卡 /36 克 11 大卡 /8 克 25 大卡 /165 克	1227 大卡
午餐	一张土豆饼 水煮鸡胸肉 一盘青椒炒花菜 三个核桃	180 大卡 /100 克 107 大卡 /120 克 146 大卡 /250 克 126 大卡 /18 克	
晚餐	一盘清炖牛肉 一盘炒青菜 一杯牛奶 一个苹果	162 大卡 /100 克 80 大卡 /150 克 130 大卡 /200 毫升 56 大卡 /106 克	

D1（轻断食）（男孩 1 人份）

	食谱	热量	总热量
早餐	一个煮鸡蛋 一个苹果	73 大卡 /53 克 56 大卡 /106 克	547 大卡
午餐	一盘炒上海青 一份鸡胸肉	25 大卡 /150 克 133 大卡 /120 克	
晚餐	一根玉米 一个黄瓜	118 大卡 /106 克 12 千卡 /120 克	
加餐	一杯牛奶	130 大卡 /200 毫升	

D2（男孩 1 人份）

	食谱	热量	总热量
早餐	一个煮鸡蛋 一杯牛奶 两片全麦面包 一根香蕉 一个番茄	73 大卡 /53 克 130 大卡 /200 毫升 182 大卡 /72 克 82 大卡 /89 克 25 大卡 /165 克	1763 大卡
午餐	两块红烧鱼 一碗杂粮饭 蒜蓉小白菜 凉拌豆芽	76 大卡 /76 克 210 大卡 /150 克 143 大卡 /300 克 210 大卡 /300 克	
晚餐	两份蒸红薯 一份黄瓜炒鸡蛋 一份素炒小白菜 一杯牛奶	156 大卡 /100 克 180 大卡 /200 克 86 大卡 /200 克 130 大卡 /200 毫升	
加餐	五颗杏仁	80 大卡 /5 克	

D3（男孩 1 人份）

	食谱	热量	总热量
早餐	两个煮鸡蛋 一杯豆浆 一碗燕麦 一个青瓜 一个梨	136 大卡 /106 克 78 大卡 /250 毫升 123 大卡 /36 克 12 千卡 /120 克 105 大卡 /205 克	1763 大卡
午餐	一份酸辣土豆丝 一份炒芙蓉虾 一份炒青菜	365 大卡 /300 克 109 大卡 /100 克 80 大卡 /150 克	
晚餐	一碗杂粮饭 一个煮鸡蛋 一盘素炒小白菜 一盘清蒸鱼	140 大卡 /100 克 73 大卡 /53 克 86 大卡 /200 克 317 大卡 /300 克	
加餐	一个苹果 一杯无蔗糖酸奶	56 大卡 /106 克 83 大卡 /160 毫升	

D4（男孩 1 人份）

	食谱	热量	总热量
早餐	一碗鸡蛋羹 一杯豆浆 一根玉米 十颗毛豆 一根香蕉	120 大卡 /200 克 78 大卡 /250 毫升 118 大卡 /106 克 11 大卡 /8 克 82 大卡 /89 克	1724 大卡
午餐	一盘炒油菜 牛肉炖土豆 一碗杂粮饭	106 大卡 /200 克 457 大卡 /400 克 140 大卡 /100 克	
晚餐	两个蒸红薯 焖虾 一碗豆花 一盘素炒小白菜	156 大卡 /100 克 90 大卡 /100 克 45 大卡 /300 克 86 大卡 /200 克	
加餐	一杯牛奶 一个梨	130 大卡 /200 毫升 105 大卡 /205 克	

D5（男孩 1 人份）

	食谱	热量	总热量
早餐	一根香蕉 一个鸡蛋	82 大卡 /89 克 73 大卡 /53 克	546 大卡
午餐	一个红薯 鸡胸肉	101 大卡 /117 克 60 大卡 /50 克	
晚餐	一碗燕麦粥 八颗圣女果	68 大卡 /100 克 32 大卡 /144 克	
加餐	一杯牛奶	130 大卡 /200 毫升	

D6（男孩 1 人份）

	食谱	热量	总热量
早餐	一个煮鸡蛋 一杯牛奶 两个红薯 一个番茄 一块木瓜	73 大卡 /53 克 130 大卡 /200 毫升 156 大卡 /200 克 25 大卡 /165 克 90 大卡 /301 克	1785 大卡
午餐	一碗杂粮饭 一份牛肉末炒豆腐 一碟炒菠菜	140 大卡 /100 克 270 大卡 /300 克 12 大卡 /45 克	
晚餐	两个蒸土豆 一份凉拌豆腐 一份莴笋炒鸡蛋	166 大卡 /240 克 226 大卡 /200 克 311 大卡 /300 克	
加餐	一个苹果 一杯牛奶	56 大卡 /106 克 130 大卡 /200 毫升	

D7（男孩 1 人份）

	食谱	热量	总热量
早餐	两个茶叶蛋 一杯低糖酸奶 一根玉米 一盘炒青菜 一个苹果	132 大卡 /106 克 83 大卡 /106 毫升 118 大卡 /106 克 53 千卡 /100 克 56 大卡 /106 克	1736 大卡
午餐	一碗杂粮饭 一盘清蒸鱼 一盘炒白菜	140 大卡 /100 克 317 大卡 /300 克 119 大卡 /300 克	
晚餐	两个蒸红薯 一盘炖豆腐 一盘炒上海青 毛豆	156 大卡 /100 克 184 大卡 /300 克 159 大卡 /300 克 33 大卡 /45 克	
加餐	一个苹果 一杯牛奶	56 大卡 /106 克 130 大卡 /200 毫升	

注

1.《中国居民膳食指南》2016 版建议：健康成年人每天吃盐不超过 6 克，大概是啤酒瓶盖 1 平盖或者 1/3 平瓷勺的量；每人每天烹调油摄入量不超过 25 克，大概是 2.5 勺白瓷勺的量；

2.1 勺酱油 15 毫升：含盐 2.2 克。1 勺鸡精 5 克：含盐 2.5 克；1 勺豆瓣酱 15 克：含盐 2.3 克；1 块腐乳 10 克：含盐 5 克；当菜肴里放了盐的替代品后，最好不要再放盐，否则就会摄入过量。

3. 如果盐分吃多了，可以多补充白开水、柠檬水，或者尽量补充含钾、镁多的食物，有利于钠离子的排出，保持体内离子平衡。

4. 一周增肌食谱

D1（女生 1 人份）

	食谱	热量	总热量
早餐	燕麦粥 茶叶蛋 一片全麦面包	237 大卡 /350 克 68 大卡 /50 克 61 大卡 /36 克	1850 大卡
午餐	米饭 一条清蒸鱼 炒大白菜	116 大卡 /100 克 212 大卡 /200 克 159 大卡 /300 克	
加餐	一根香蕉 两个核桃	82 大卡 /89 克 84 大卡 /12 克	
晚餐	炒青菜 小米粥 土豆炖牛肉	106 大卡 /200 克 138 大卡 /300 克 457 大卡 /450 克	
加餐	牛奶	130 大卡 /200 毫升	

D2（女生 1 人份）

	食谱	热量	总热量
早餐	黑米赤豆薏仁粥 一个馒头 四片酱牛肉	131 大卡 /300 毫升 268 大卡 /120 克 148 大卡 /60 克	1756 大卡
午餐	米饭 炒菠菜 鸡胸肉	116 大卡 /100 克 24 大卡 /90 克 142 大卡 /120 克	
加餐	三个琥珀核桃仁	81 大卡 /18 克	
晚餐	面条 炝菜花 凉拌豆芽 炖豆腐	151 大卡 /50 克 150 大卡 /300 克 76 大卡 /100 克 184 大卡 /300 克	
加餐	牛奶 一个煮鸡蛋 一根香蕉	130 大卡 /200 毫升 73 大卡 /53 克 82 大卡 /89 克	

D3（女生 1 人份）

	食谱	热量	总热量
早餐	红枣银耳大米粥 茶叶蛋	54 大卡 /300 毫升 68 大卡 /50 克	1850 大卡
午餐	炒面 番茄鸡蛋汤 清蒸鱼	294 大卡 /140 克 64 大卡 /300 毫升 210 大卡 /200 克	
加餐	红枣 葡萄	110 大卡 /50 克 89 大卡 /220 克	
晚餐	米饭 肉丝炒油菜 凉拌金针菇	116 大卡 /100 克 220 大卡 /200 克 201 大卡 /200 克	
加餐	牛奶 一个煮鸡蛋	130 大卡 /200 毫升 73 大卡 /53 克	

D4（女生 1 人份）

时间	食谱	热量	总热量
早餐	一片全麦面包 一杯牛奶 蒸鸡蛋 一个苹果	61 大卡 /36 克 130 大卡 /200 毫升 120 大卡 /200 克 56 大卡 /106 克	1749 大卡
午餐	米饭 清炒菠菜 鸡胸肉	116 大卡 /100 克 24 大卡 /90 克 142 大卡 /120 克	
加餐	一个鸡蛋白 一个橘子	18 大卡 /30 克 62 大卡 /142 克	
晚餐	烙饼 鸡肉蘑菇汤 炝菜花	413 大卡 /160 克 90 大卡 /150 克 150 大卡 /300 克	
加餐	燕麦粥 一杯牛奶	237 大卡 /350 克 130 大卡 /200 毫升	

D5（女生 1 人份）

时间	食谱	热量	总热量
早餐	一个馒头 一杯豆浆 一个茶鸡蛋	268 大卡 /120 克 68 大卡 /220 克 68 大卡 /50 克	1842 大卡
午餐	饺子 青椒炒猪肝 炒上海青 十颗腰果	240 大卡 /120 克 196 大卡 /200 克 106 大卡 /200 克 180 大卡 /30 克	
加餐	一个柑橘 一根玉米	62 大卡 /142 克 118 大卡 /106 克	
晚餐	米饭 凉拌金针菇 蒸鸡肉	116 大卡 /100 克 100 大卡 /100 克 117 大卡 /100 克	
加餐	一杯牛奶 煮鸡蛋	130 大卡 /200 毫升 73 大卡 /53 克	

D6（女生 1 人份）

时间	食谱	热量	总热量
早餐	豆腐脑素三鲜 两片全麦面包 一个煮鸡蛋 三个核桃	100 大卡 /200 克 122 大卡 /72 克 73 大卡 /53 克 81 大卡 /18 克	1815 大卡
午餐	米饭 红烧牛肉 炒白菜 番茄鸡蛋汤	116 大卡 /100 克 243 大卡 /150 克 80 大卡 /150 克 64 大卡 /200 毫升	
加餐	一杯牛奶 一个苹果	130 大卡 /200 毫升 56 大卡 /106 克	
晚餐	大米粥 红烧鳝鱼 凉拌海带 炒素三丁	90 大卡 /150 克 275 大卡 /250 克 56 大卡 /100 克 140 大卡 /200 克	
加餐	一杯牛奶 一个煮鸡蛋	116 大卡 /100 克 73 大卡 /53 克	

D7（女生 1 人份）

时间	食谱	热量	总热量
早餐	黑米赤豆薏仁粥 一个茶叶蛋 一片全麦面包 一个梨	131 大卡 /200 毫升 68 大卡 /50 克 61 大卡 /36 克 105 大卡 /205 克	1786 大卡
午餐	炒面 炒上海青 焖虾	588 大卡 /280 克 159 大卡 /300 克 45 大卡 /50 克	
加餐	一个苹果 一个猕猴桃	56 大卡 /106 克 76 大卡 /125 克	
晚餐	米饭 水煮菜心 鸡胸肉	116 大卡 /100 克 50 大卡 /200 克 142 大卡 /120 克	
加餐	一个煮鸡蛋 一杯牛奶	73 大卡 /53 克 116 大卡 /100 克	

D1（男生 1 人份）

时间	食谱	热量	总热量	
早餐	黑米赤豆薏仁粥 一个茶叶蛋 两片全麦面包 一个梨	131 大卡 /200 毫升 68 大卡 /50 克 61 大卡 /36 克 105 大卡 /205 克	426 大卡	2324 大卡
午餐	炒面 炒上海青 焖虾	588 大卡 /280 克 159 大卡 /300 克 45 大卡 /50 克	930 大卡	
加餐	一个苹果 一个猕猴桃	56 大卡 /106 克 130 大卡 /200 毫升	186 大卡	
晚餐	米饭 炒素三丁 鸡胸肉 三个核桃	232 大卡 /200 克 140 大卡 /200 克 177 大卡 /150 克 81 大卡 /18 克	630 大卡	
加餐	两个鸡蛋白 一杯牛奶	36 大卡 /60 克 116 大卡 /100 克	152 大卡	

D2（男生 1 人份）

时间	食谱	热量	总热量	
早餐	一杯牛奶 一碗鸡蛋羹 两片全麦面包 一根香蕉	116 大卡 /100 克 120 大卡 /200 克 122 大卡 /72 克 82 大卡 /89 克	440 大卡	2475 大卡
午餐	炒面 青椒炒猪肝 炒上海青	588 大卡 /280 克 245 大卡 /250 克 106 大卡 /200 克	939 大卡	
加餐	一根玉米 一个橘子	214 大卡 /191 克 62 大卡 /142 克	276 大卡	
晚餐	米饭 凉拌金针菇 蒸鸡肉 水煮菜心	232 大卡 /200 克 200 大卡 /200 克 117 大卡 /100 克 50 大卡 /200 克	599 大卡	
加餐	一杯牛奶 一个梨	116 大卡 /100 克 105 大卡 /205 克	221 大卡	

D3（男生 1 人份）

时间	食谱	热量	总热量	
早餐	燕麦粥 一个茶叶蛋 三片全麦面包 一个苹果	237 大卡 /350 克 68 大卡 /50 克 183 大卡 /108 克 56 大卡 /106 克	544 大卡	2343 大卡
午餐	米饭 清炒菠菜 鸡胸肉 十颗腰果 番茄鸡蛋汤	232 大卡 /200 克 48 大卡 /180 克 142 大卡 /120 克 180 大卡 /30 克 64 大卡 /200 毫升	666 大卡	
加餐	一杯牛奶 一个苹果	130 大卡 /200 毫升 56 大卡 /106 克	186 大卡	
晚餐	饺子 红烧鳝鱼 水煮菜心 炝菜花	480 大卡 /240 克 56 大卡 /100 克 50 大卡 /200 克 150 大卡 /300 克	736 大卡	
加餐	一杯牛奶 三个核桃	130 大卡 /200 毫升 81 大卡 /18 克	211 大卡	

D4（男生 1 人份）

时间	食谱	热量	总热量	
早餐	红枣银耳大米粥 一个馒头 一个煮鸡蛋 三个核桃 一个梨	54 大卡 /300 毫升 268 大卡 /120 克 73 大卡 /53 克 81 大卡 /18 克 105 大卡 /205 克	581 大卡	2403 大卡
午餐	米饭 清蒸鱼 炖豆腐 番茄鸡蛋汤	240 大卡 /200 克 262 大卡 /250 克 184 大卡 /300 克 64 大卡 /200 毫升	750 大卡	
加餐	一根香蕉 三个琥珀核桃仁	82 大卡 /89 克 81 大卡 /18 克	163 大卡	
晚餐	面条 炝菜花 炒白菜 红烧牛肉	150 大卡 /50 克 150 大卡 /300 克 80 大卡 /150 克 243 大卡 /150 克	623 大卡	
加餐	牛奶 一个煮鸡蛋 一个蒸土豆	130 大卡 /200 毫升 73 大卡 /53 克 83 大卡 /120 克	286 大卡	

D5（男生 1 人份）

时间	食谱	热量	总热量	
早餐	两片全麦面包 一杯牛奶 蒸鸡蛋 一个梨	120 大卡 /72 克 130 大卡 /200 毫升 120 大卡 /200 克 105 大卡 /205 克	475 大卡	2347 大卡
午餐	牛肉炒粉 炒上海青 番茄鸡蛋汤 腰果	572 大卡 /300 克 106 大卡 /200 克 64 大卡 /200 毫升 180 大卡 /30 克	922 大卡	
加餐	一杯牛奶 一个苹果	130 大卡 /200 毫升 56 大卡 /106 克	186 大卡	
晚餐	鸡胸肉 米饭 蒜蓉菠菜 两个核桃	142 大卡 /120 克 232 大卡 /200 克 129 大卡 /300 克 84 大卡 /12 克	587 大卡	

转下页

接上页

时间	食谱	热量	总热量	
加餐	一个蒸土豆 一个鸡蛋白 一个猕猴桃	83 大卡 /120 克 18 大卡 /30 克 76 大卡 /125 克	177 大卡	

D6（男生 1 人份）

时间	食谱	热量	总热量	
早餐	一个馒头 两个鸡蛋白 一根香蕉 三个核桃	268 大卡 /120 克 36 大卡 /60 克 82 大卡 /89 克 81 大卡 /18 克	467 大卡	2337 大卡
午餐	米饭 清蒸鱼 凉拌豆芽 炒菜花	240 大卡 /200 克 262 大卡 /250 克 210 大卡 /300 克 133 大卡 /250 克	845 大卡	
加餐	一片全麦面包 一根香蕉	61 大卡 /36 克 82 大卡 /89 克	143 大卡	
晚餐	面条 炖豆腐 水煮菜心 鸡胸肉	161 大卡 /150 克 184 大卡 /300 克 50 大卡 /200 克 177 大卡 /150 克	572 大卡	
加餐	腰果 一杯牛奶	180 大卡 /30 克 130 大卡 /200 毫升	310 大卡	

D7（男生 1 人份）

时间	食谱	热量	总热量	
早餐	黑米赤豆薏仁粥 一个茶叶蛋 两片全麦面包 一个梨 三个核桃	131 大卡 /200 毫升 68 大卡 /50 克 122 大卡 /72 克 105 大卡 /205 克 81 大卡 /18 克	507 大卡	2342 大卡
午餐	米饭 炒上海青 焖虾 凉拌金针菇	240 大卡 /200 克 159 大卡 /300 克 45 大卡 /50 克 301 大卡 /300 克	745 大卡	
加餐	一杯牛奶 一个苹果	130 大卡 /200 毫升 56 大卡 /106 克	186 大卡	
晚餐	米饭 水煮菜心 鸡胸肉 麻辣豆腐	240 大卡 /200 克 50 大卡 /200 克 177 大卡 /150 克 219 大卡 /150 克	686 大卡	
加餐	蒸紫薯 一杯牛奶	88 大卡 /100 克 130 大卡 /200 毫升	218 大卡	

注

1.《中国居民膳食指南》2016 版建议：健康成年人每天吃盐不超过 6 克，大概是啤酒瓶盖 1 平盖或者 1/3 平瓷勺的量；每人每天烹调油摄入量不超过 25 克，大概是 2.5 勺白瓷勺的量；

2.1 勺酱油 15 毫升：含盐 2.2 克。1 勺鸡精 5 克：含盐 2.5 克；1 勺豆瓣酱 15 克：含盐 2.3 克；1 块腐乳 10 克：含盐 5 克；当菜肴里放了盐的替代品后，最好不要再放盐，否则就会摄入过量。

3. 如果盐分吃多了，可以多补充白开水、柠檬水，或者尽量补充含钾、镁多的食物，有利于钠离子的排出，保持体内离子平衡。